感情を整える片づけ

種市勝覺

PHP文庫

○本表紙図柄＝ロゼッタ・ストーン（大英博物館蔵）
○本表紙デザイン＋紋章＝上田晃郷

プロローグ

感情と環境はつながっている

散らかすつもりがないのに、散らかってしまう。
部屋の中がものであふれて足の踏み場もない！
クローゼットや引き出しの中が無秩序でゴチャゴチャ……。

こんな状態が「ふと氣がついたら」「そのつもりもないのに」起こってしまう――そんな自覚のない散らかし屋は、他人にとってはもちろん、自分にとっても迷惑な存在です。自覚がないぶん、散らかった部屋を見てもどこか他人事のようで、改善することがなかなか難しくなるわけですね。

しかし、自分の部屋やデスクの状態は、基本的に、自分がものを置いたり、動かしたりしたとおりにしかなりません。全て自分の手でしたことで、誰かの仕業ではないはず。

「確かにそうだけど、別に散らかそうとして、散らかったわけではなくて……」

分かります、それは心からの言葉で、嘘偽り(うそいつわ)はありませんよね。望んでいないのに、散らかる――それは摩訶(まか)不思議な現象のようですが、あなたが意識的におこなったことではなく、無意識のうちにものを置いたり、動かしている結果なのです。

無意識とは、ご存じのとおり、自分の意識で捉えきれない領域のことです。

人の意識と無意識の比率は1対9やそれ以上ともいわれ、じつは、人の心の動きのうち、無意識の方が圧倒的な大きさを占めています。

「整理」→「整頓」の順で片づけは正しくなる

P60

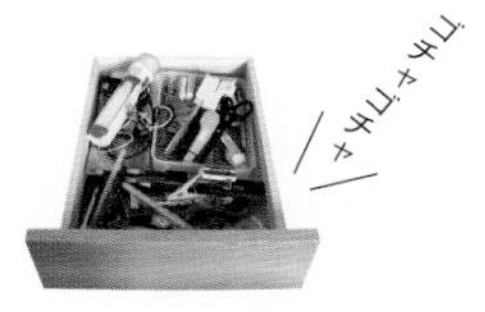

全部出す！

「必要」と
「不要」に
仕分けする

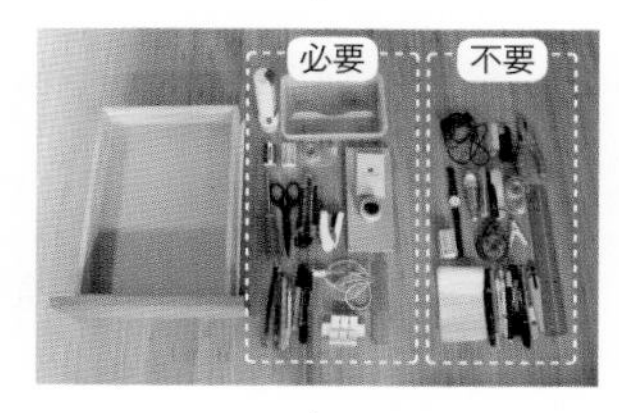

整理

整頓

食べ物を咀嚼（そしゃく）して飲み込んだり、手足を動かして歩く、言葉をつなげて発するなど、習慣化されているものは全て無意識のうちにおこなわれています。こうしようと意図せずとも発動する思考や感情のパターンも、無意識による反応です。

「無意識に部屋やデスクを散らかしているということは、無意識に発動する思考や感情も整っていない、ということ⁉」

はい、残念ながら、そのとおりかもしれません……。

感情が乱れていると、無意識のうちに自分の周りの環境、すなわち住んでいる家や部屋、職場のデスク周りにも乱れが出ます。**環境は自分の心の動きの現れ——環境と感情はつながっているのです。**

逆に言えば、わたしたちがもし自分の感情や思考、環境をも左右する無意識に関与できたとしたら、人生を簡単に、かつ劇的に変えることができるはずです。なにしろ、心の動きの9割を占めているのですから。

水晶で心のモヤモヤを浄化する

P78

氣を「散らす」多面体水晶はドアに吊るす。赤い糸が通せるタイプが○

氣を「留める」球体水晶はキッチンなどの水回りに

ところが、わたしたちは「自分を変えたい」「もっと良くしたい」と思ったとき、1割しかない意識の方ばかり変えようとします。自己啓発の本を読んだり、セルフマネジメントについて学んだり……。

しかし、1割の意識よりも、9割を占める無意識に着手した方が、圧倒的かつ確実に自分を変えることができるわけです。

先ほどもお伝えしたように、そのときの心もようは、無意識的に環境に現れます。その逆もしかりで、環境から感情に働き掛けることも可能なのです。つまり、環境を整えれば、感情も整うということ。

9割の無意識を変える、そして感情を整えるためには、環境を変えるのがいちばん効率的で効果的なのです。

そして、それを可能にする技術が、中国から伝来した古くから伝わる「風水」の技術です。

玄関を「花と香り」で満たすと頭の中がすっきりする

P95

リビングに
暖色を入れると
心が元氣になる
P100

風水って何？

風水というと、「西には黄色いものを、東には赤いものを置くといい」といったようなことをイメージする人が多いでしょう。じつはそれは、日本で生まれた「家相」といわれるもの。わたしが学んだ中国伝来の風水とは似て非なるものです。

では、中国伝来の風水とはどんなものなのでしょうか。

風水とは、環境を味方にする法、自然エネルギーを目的のために活用する法——つまり、情報伝達しやすい街づくりや地形を活かした攻め込まれにくい城づくり、また、強さや威厳を示すための美しい建築やレイアウトなどをまとめた伝承科学です。そこに「方位学」や「氣の流れを読む法」「住環境と心身の関係」を組み込んだものです。

身近なところでいえば、自然光が入って明るくて快適、壁やカーテンの色が強過ぎて不快など、誰もが部屋の居心地の良し悪しを感じた経験があると思い

色で温感を入れると寝室の安眠力が高まる

P108

デスクの上は何もないほど集中力が高まる
P145

ます。そうした環境情報から受け取る感覚は、わたしたちの「無意識」に大きく影響しています。それを利用して、「無意識」にいい影響を与えるよう、環境を最適な状態に整えるのが風水の技術です。

風水の考えに基づいて身の回りの環境を整えれば、思考や感情のパターン、行動をも変えることができるのです。

わたしは、空海密教の大阿闍梨(あじゃり)であり風水師でもある松永修岳(まつながしゅうがく)先生のもとで15年の修行を積み、「阿闍梨」という称号をいただくと同時に風水も学び、実践を重ねました。「密教と風水って関係あるの？」と思われるかもしれませんが、どちらも感情や無意識を整える効果が非常に高い、能力開発の技術という共通点があります。

先ほどもお伝えしたとおり、風水は環境の力を味方につけて、無意識に働きかけることで感情を整える技術。本書はこの技術を主にお伝えしていきます。

対して密教は、自分や他人の感情や欲望を否定せず、向き合い、受け入れることで自分自身を救う技術です。こちらも心を整理する上で大きな力になることでしょう。そのため、本書では密教の考えも合わせてお伝えしていきます。

意識は1割、無意識は9割
無意識に働きかけるのが風水の技術

わたしはこの2つの教えを軸に、2000件以上の個人や企業の風水鑑定、カウンセリングをおこなってきました。結果、

- 夫婦げんかがなくなって離婚が回避できた
- 子どもが自分から勉強をするようになった
- 引きこもりだった子どもが学校に行くようになった
- 家族の会話が増えて家族仲が良くなった
- 経済的な危機から脱することができた
- うつ病とパニック障害が改善された
- 不眠が治ってぐっすり眠れるようになった

など、人生を好転させた人がたくさんいらっしゃいます。

皆さん、特別な難しいことをしたわけでもなく、風水の考えを基に家や仕事場を片づけただけ。なかにはその日のうちに効果を実感、大きな変化を体験した人も多数いらっしゃいます。それほどに、環境は感情に影響しているのです。

自分を変えたいと思ったら、手っ取り早いのは環境を変えること。環境を変

えることで、自分の思考と心（感情）を簡単に変えることができます。

感情に振り回されず、自分らしく、のびのびと生きられる自分。

いつも機嫌良く、明日の来るのが楽しみで毎日ワクワクしている自分。

そんな理想の自分に導いてくれるのが、風水と密教の力です。本書をヒントに、自宅やオフィスを最高のパワースポットにしてください。

それでは、感情と環境のつながりを、くわしく学んでいきましょう。

不動明王真言
ノウマクサンマンダ
バザラダンカン

本書のカバーに入っている梵字(ぼんじ)
(密教で仏を現す文字)は「カーン字」という
不動明王さまを現すものです。
不動明王さまは、密教では災難を焼く
炎のお姿でもあり、その名のとおり、
不動の心、不動心を養う力を
与えてくださる仏さま。
この梵字を心に浮かべ、
不動明王の力を引き寄せる
上に紹介した真言(しんごん)を唱えながら
片づけをすることで、邪氣を祓(はら)い、
感情を整える力を環境に宿す、
大きな助けになります。

感情を整える片づけ　目次

第2章 感情を整える「捨て方」

第3章 感情を整える「家」の片づけ

第4章 感情を整える「職場」の片づけ

第5章 感情を整える10の習慣

第1章

身の回りを整理すれば感情は整う

自分を変えたければ環境を変えるのが近道

人は身の回りの環境を自らの手でつくり、同時に、その環境にある色や形、音、温度、匂いなどの情報を、目や耳、鼻、口、皮膚の五感の全てで感じとる生き物です。

それらの情報は刺激と言い換えることができ、どの刺激も「氣」を放っています。その氣が人にとって栄養になるのか、毒になるのかということを見るのが風水です。

もし、環境から得られる情報が心地良くなく、殺伐(さつばつ)としていたら、人の心も殺伐とすると思いませんか?

神社や寺院が、常に整然とした状態で掃き清められているのは、環境が人の心に影響を与えることを踏まえているからです。

環境を変えると芽生える思考や感情も変わる

環境が人の心に影響を与える――言い換えれば、**思考や感情は、環境から生まれる**ということです。

思考や感情の発生源は、何かを見たり聞いたり、さわったりしたときの五感の反応から頭の中に浮かぶ、さまざまなイメージです。

たとえば、薄暗くて窓のない部屋に1人で通されて「この部屋はなんか氣味が悪いな」と思ったとき、過去の恐怖体験のイメージが頭の中に浮かびます。その映像に意識がフォーカスして「ここでは油断しないで用心しよう」という思考や感情が生まれるわけです。

このように、過去に出会った悪いイメージは、現在のマイナスの思考や感情の喚起につながります。

逆に、いい記憶やいい出来事は、いいイメージを増やします。いいイメージが増えると、思考や感情もポジティブな内容に変わっていきます。すると、わたしたちの心の動きの9割を占める「無意識」に対しても、ポジティブな変化が及ぶようになるのです。

人の頭の中にはいつも意識的、もしくは無意識的に何らかのイメージが浮かんでいます。

とてもいい映画を見たら、2、3日のあいだは「あの作品はほんとうに面白かったなぁ～」と思い出しては、脳裏に映像がよみがえりますよね。旅行先で見たきれいな景色は、もっと長いあいだ脳裏にとどまることでしょう。

デートや旅行の計画など、先々に楽しい予定や約束を入れることも、いいイメージが増えますよね。楽しい予定は、未来にあるにもかかわらず、今の氣分を上げてくれます。

快の氣分は、プラスをもたらす「生氣」です。

楽しみとは逆に、嫌いなことを避けたい一心で頑張るエネルギーも大きな原動力になりますが、それで生じるのはマイナスの氣をもたらす「殺氣」のみ。殺氣のエネルギーでは、物事が早く進むというメリットがあっても、幸福感は得られません。

本書のカギとなるのが、この2つの「氣」の存在です。

生氣は先にもお伝えしたとおり、喜び、幸せ、楽しみ、満足感といったエネルギーです。

対して殺氣は、苦労や恐怖、犠牲といった不足感のエネルギー。

本書は風水の知恵を基に、部屋を片づけて生氣と殺氣のバランスを整え、自分自身の感情も整えることを目的としています。

生氣と殺氣は、これから何度も登場するキーワードなので、覚えておいてください。

悲しみ、怒りなどの感情を生む**「殺氣」**の部屋

楽しい、幸せなどの感情を生む**「生氣」**の部屋

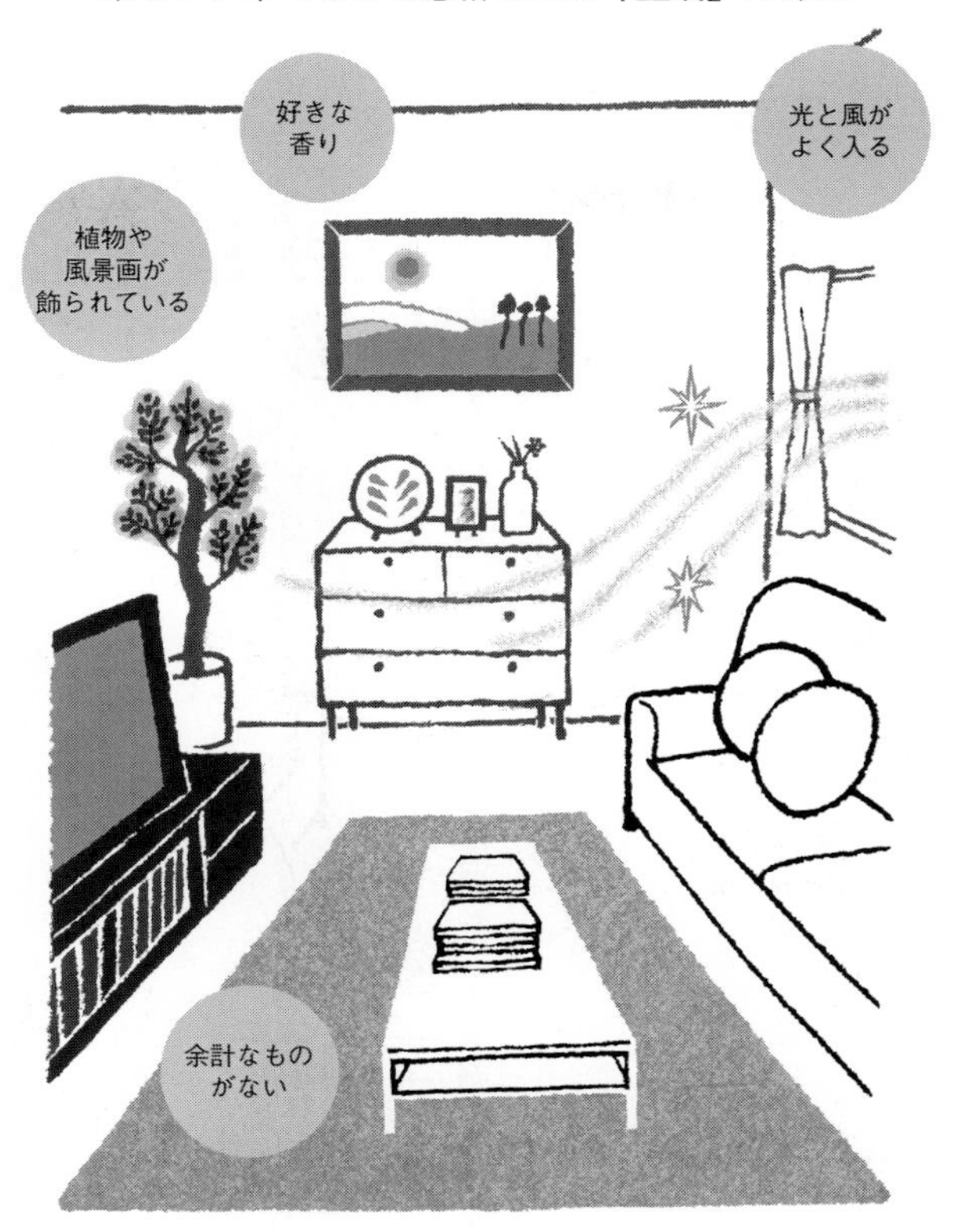

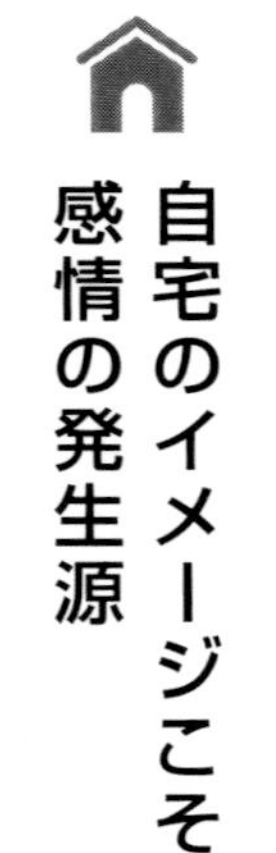

自宅のイメージこそ感情の発生源

あなたは外出先で自宅を思い浮かべたとき、どんなイメージを持ちますか？
家を思い浮かべたときのイメージも、先ほどの話同様に、「生氣」や「殺氣」となって、わたしたちの氣分や感情に大きな影響を及ぼします。**毎日、長い時間を過ごす家こそ、その影響は非常に強く、一度見た映画や旅先のイメージとは比べものにならないほどの影響力を発揮します。**

片づいたきれいな家、好きなもので満たされた楽しい家のイメージは、幸福な氣持ちにしてくれたり、氣分を上げてくれる大きな力になります。

逆に、汚くてゴチャゴチャと散らかった家、争いが絶えない家は、強烈な殺氣をもたらし、わたしたちの感情をマイナス方向に大きく引っ張ってしまいます。

理想的なのは、毎日仕事が終わって家に帰るときに、常に楽しいイメージを持てるようになることです。

きれいに片づいた家だったら「帰ったら何しようかな~」などと、帰宅後の楽しみを想像しやすいと思います。

逆に、部屋が散らかっていたら「帰って掃除しなくちゃ」とため息をつきながら帰宅することになるもの。それでは、楽しいイメージを思い浮かべられないので、足取りが重くなって当然です。

自宅の環境とは、その場に身を置いているときも、遠く離れているときのイメージとしても、わたしたちの感情に大きな影響をもたらしているのです。

感情を整える上で、家という最も身近な環境を良い状態にすることが、非常に重要であることが分かっていただけたでしょうか。

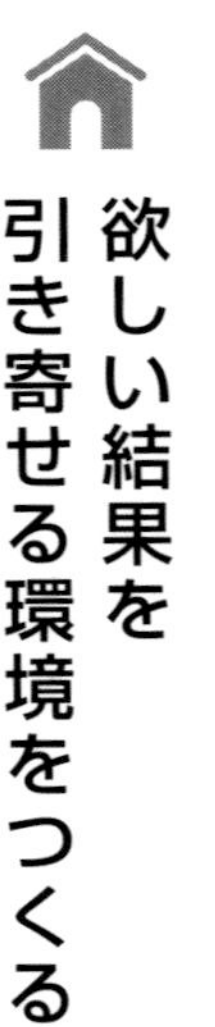

欲しい結果を引き寄せる環境をつくる

わたしは風水コンサルタントとして、多くの方の自宅やオフィスの出張鑑定をしています。

家を見ると、その人の背景が見えてきます。家が大きい、小さい、新しい、古い、という表面的なことではなく、家を大事にしているかどうか、という「家との向き合い方・あつかい方」から、仕事や恋愛、人間関係など、あらゆる物事との向き合い方・あつかい方も分かってきます。

そしていつも思うのは、人生が思いどおりにいかない、人間関係がうまくいかない、もめ事が絶えないなど、**トラブルが多い人は、見事に問題だらけの家に住んでいる**、ということです。

たとえば、家庭円満を願っているのに、玄関が暗く靴が出しっ放しで悪臭がしていたり、リビングが暗くてジメジメしていたりしたらどうでしょう。

そこで1年、3年、5年と過ごしていたら、家族みんなの氣持ちが沈み込む、もしくはイライラして争い、語らい集う機会がなくなる結果、一家離散も有り得ます。


親子の会話を増やしたいのに、玄関に入るとすぐ目の前が階段、2階の子ども部屋まで直結するという動線で、リビングや親の部屋は1階だったら……。

子どもが家に帰ってきたとき、親子が顔を合わせることのない造りになっているため、必然的にコミュニケーションは減ってしまいます。環境が、親子の会話を減らしているわけです。玄関から個室へつながる動線の場合は、顔を合わせやすいようにリビングに立ち寄る工夫を施した方がよいのです。


さらに動線や間取りだけではなく、空間の「質感」も大きく影響します。

たとえば、みんなが集う場であるリビングやダイニングの床が冷たい大理石だった場合。そこにカーペットなどを配置しておかなければ、かたくて冷たい大理石は足が冷えるためくつろげず、結果、家族が寄りつきにくくなります。また、掃除が行き届いていなくて、しょっちゅうゴミや何かの破片を踏むような家からは、人は無意識的に不安感や危険を感じとります。これまた誰も寄りつかない空間となるわけです。

色でいえば、青い部屋だと冷静になりやすく、赤い部屋だと興奮しやすいということは、よく知られています。室内が白と黒で統一されていたら葬儀を、紅白だったら結婚式や入学式などのおめでたい席を想像しますよね。

もし葬儀と結婚式で使われる幕の色が逆だったら、頭が混乱して氣持ちが乱れるでしょう。混乱した状態を常に見ていたら、氣持ちだけでなく、思考も混乱します。次第に、物事の優先順位を決められなくなったり、感情の抑制ができにくくなってしまいます。

また、空間そのものも、氣を放つ刺激の1つです。

たとえば、玄関から細長い廊下が続く家は、左右の壁から受ける圧迫感が日々影響することで、臆病になりやすくなるといわれます。背の高い棚の上段に本や段ボールが積み重なっているなど、視界に入る所に不安定な情報が存在する環境も、心は不安定へと向かいます。

例を挙げればキリがないほど、わたしたちの思考や感情は環境によって左右されているのです。

だからこそ、そこに住む人、もしくはそこで働く人が、欲しい結果やかなえたい目標につながる環境をつくることが、非常に大切になるのです。

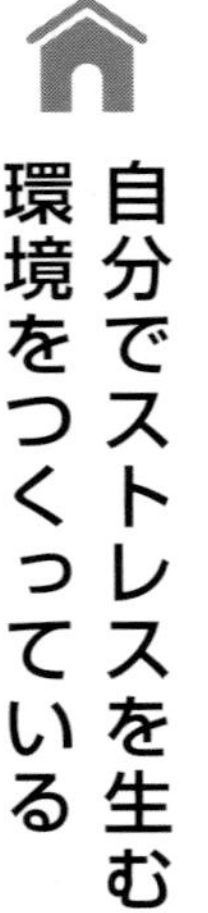

自分でストレスを生む環境をつくっている

自宅のイメージを良くすることが、感情を整える上で非常に大切なことをここまでお話ししましたが――。

不思議なことに、わたしたちは自ら悪い方へ作用する環境の刺激をつくり出してしまうことが多々あります。

たとえば、自分の部屋のインテリアや職場のデスク周りの配置について、最初は意識的に考え、整えますね。ところが、その状態を維持しつづけることは難しいものです。時間がたつにつれ、無意識のうちにいろんなものをあちらこちらに置きだして……。

当然の結果として、いつのまにか散らかった状態になっている、というケースは多いものです。

無意識のうちとはいえ、自分でつくり上げた環境から自らストレスを受けているわけです。その理解しがたい自作自演の悲劇に「わたしはいったい何をしているのだろう」「どうしてわたしは散らかしてしまうのだろう」と自分を責め、感情的にもややこしい状態に陥っている人もいるでしょう。

なかには「わたしはものが多くてゴチャゴチャしている方が居心地がいい！」と開き直り、自暴自棄になって、散らかし放題の方もいるかもしれません。

しかし、いくら開き直ったとしても、散らかった環境から受ける残念な影響は避けられません。散らかった環境から受ける無意識への影響は、ストレス以外にないのです。

たとえ散らかっている方が「心地いい」と意識していても、無意識的にマイナスの刺激を受けているのです。

環境適応能力は無駄に発揮しない

風水では、人が環境に合わせるのではなく、住む人の夢や目標を実現するために、環境を味方にして活用する、という考え方をします。

したがって、住む人の生活動線を邪魔したり、乱したりするものは論外です。人が環境に合わせて不自然に動く必要が生じるためです。

ところが、人は「慣れる生き物」なので、ゴチャゴチャと散らかった環境に身を置いていても、環境適応能力を発揮して慣れようとします。

先ほどお伝えしたような「わたしはものが多くてゴチャゴチャしている方が居心地がいい」と開き直っている人も、環境適応能力を発揮して慣れようとしているのです。当然ながらそれは、エネルギーの無駄遣いとなります。無意識下ではマイナスの刺激によって、日々、ストレスを受けているわけですから。

当然、心身の余裕がなくなってイライラし、感情も思考もコントロールしにくくなります。体調だって崩しかねません。パソコンでたとえるなら、大切なメモリーを不要なことに使って、パフォーマンスが落ちている状態です。環境を整えれば、わざわざ適応能力を発揮する必要もなく、心身共にノーストレスの状態をキープできるわけです。

自分の部屋にいると心からくつろげて、心身の疲れが癒やされること。職場のデスクでは仕事に集中できて、パフォーマンスを保てること。これを平常とすることを、風水ではめざします。

ただし、例外として芸術家や特殊能力を使う職業の方については乱雑さをエネルギーに変えているケースもあります。しかし、これは不安定なエネルギーのため、一般の方にはおすすめはできません。

家や部屋を軽んじる＝自分を軽んじる

風水は環境を整えることイコール自分を大切にすること、という考えが基本にあります。自己肯定感を高め、自分を大切にすることは、感情を整えるスタートラインとなるわけです。

ところがその考えの真逆にあるのが、「散らかっている方が居心地がいい」、または「仕事が忙しくて部屋にはどうせ寝るために帰るだけだから、散らかっていてもいい」「どうせまた散らかるからこのままでいい」という人たちです。

部屋を「どうせ」扱いしているということは、自分を大切に扱っていない証拠。自分自身に対する敬意が感じられませんね……。

「所詮（しょせん）、この部屋は寝るために帰るだけだから」というのは「自分はこんな程度の人間だから」というのと同じこと。**部屋を大切にすることは、自分の居場**

所を大切にすること、つまり、自分を大切にすることにつながります。

自分の居場所が散らかっていてもいい、どうでもいい空間は、生活を営(いとな)む「家」ではなく、単なる「巣」になってしまいます。

また、行動にふさわしい「場」を大切にすることも、自分を大切にすることにつながります。たとえば、四畳半の部屋でもご飯を食べるときはお布団を畳(たた)んで食卓を出すなど、寝る場、食事の場をきちんとつくることです。ベッドの上でご飯を食べるといった、場の線引きをしないのは、風水的にはＮＧ行為。なぜなら、場の準備は心の準備だから。

食事をするとき、食事以外の他の行動を喚起させるものが目の前に並んでいると、心の雑音になります。食卓の上にある本や手紙などの雑多なものは、一度片づけるのがベター。場を整えることで、心を整えることができるからです。

これから始める行動にふさわしい「場」を整えることを習慣にすれば、思考や氣持ちを整えることにつながります。

「好きなもの」は家を楽しくする

家に対して楽しいイメージをつくる重要性を、先ほどお伝えしました。その簡単な方法が、自分が好きなもの、見ていると「快」の氣持ちにさせてくれるものを飾ることです。絵や写真、インテリア小物など、好きなものは心を楽しくしてくれます。

そして、それらを選ぶときに大切なのが、あくまでも自分の好みで選ぶこと。

「そんなの当たり前じゃない」と思った方もいると思いますが、これが意外とできていない人が多い、というのが、いろいろな家を見て回ってきたわたしの実感です。

「こういうインテリアにするのがはやりだから」「おしゃれと言われているか

ら」「あの有名な人が持っていたから」「有名なブランドのものだから」という、他人目線の基準で選ぶケースがとても多いのです。
それでも、見ていると心が躍る、トキメクという基準なら問題ありませんが、「人からすすめられたから、なんとなく置いている」というのであれば考え直してみてもよいかもしれません。

わたしはこれまでに、出張風水鑑定に行った家で、カメの甲羅の剥製（はくせい）を飾っているのをたびたび見ました。家主に飾っている理由を尋ねると、たいていの方が「人からお金が貯まると聞いたから飾っている」と言います。
でも「実際に貯まりましたか？　その剥製を見てほんとうにお金が貯まる氣がしますか？」と尋ねると、皆さんもれなく首を横に振ります。

また、謎の竹筒を室内に飾っている人もいました。聞けば中国の風水師にすすめられ、飾る場所も指定されたとのことでしたが、その場所が生活動線を邪魔していて「よく足に引っ掛けてつまずくんだよ」と言っていました……。

風水では、生活動線を邪魔する配置は絶対にしません。たとえつまずいても、実際に金運がアップしたのなら我慢のしがいもあるかもしれませんが、家主に金運がアップした実感はないとのことでした。

当然、カメの甲羅（こうら）も竹筒も手放すことをすすめました。

家に置くものを選ぶときは、あくまで「家を楽しいイメージにするかどうか」「それがあると自分は快適な氣持ちになれるか」を基準に選ぶことを大切にしてください。

カメの甲羅や謎の竹筒よりも、好きな花を一輪買ってきて飾った方が、プラスイメージの「生氣」を放ってくれますよ。

次章からは、さらに具体的なノウハウ――片づけの第一歩である、風水的な「ものの捨て方」をお話ししていきましょう。

第2章

感情を整える「捨て方」

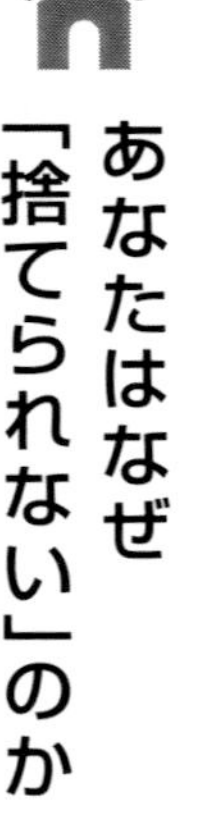

あなたはなぜ「捨てられない」のか

風水を実践するにあたって、基本になるのは自宅でもオフィスでも「3K（暗い・臭い・汚い）」の状態を避けて、「3S（整理・整頓・清潔）」を心掛けること。この状態をめざすには、不要なものを捨てることが先決です。なぜなら、心が整わないほとんどの原因が、必要のないもの（不要な情報）が多過ぎることだから。視覚的に余計な情報が常にあることで、頭の中は混乱し、まとまりを失います。すると、感情も混乱しやすくなってしまうのです。

また、風水で最も大切な調整が、足元（床）に一切ものを置きっ放しにしないということです。なぜなら、つまずいて転倒する可能性がある状態は、室内における危険情報となり、そこにいる人へストレスをもたらす環境になるからです。不要なもので室内があふれた状態では、この大切な調整をおこなうことも難しくなります。

そのため、「感情を整える片づけ」は、まずは片づけの第一歩である「ものの捨て方」について、くわしくお話ししていきたいと思います――が、その前に！

ストレスになっているはずなのに、家の中にあふれた「不要なものを捨てることができない」という感情の謎について、まずは解明しておきましょう。


ものが多くてゴチャゴチャしていると、物理的に自分のスペースが圧迫されるため、不快に感じますよね。前章でもお話ししたとおり、無意識下においても大きなストレスとなっているはずです。

それなのに、「ものが多過ぎて散らかっているから減らさなくちゃいけないのは分かっている……なのに捨てられない！」という人はとても多いですよね。

ここでは、そんな氣持ちの矛盾はいったいどこからくるのかを、お話ししていきましょう。

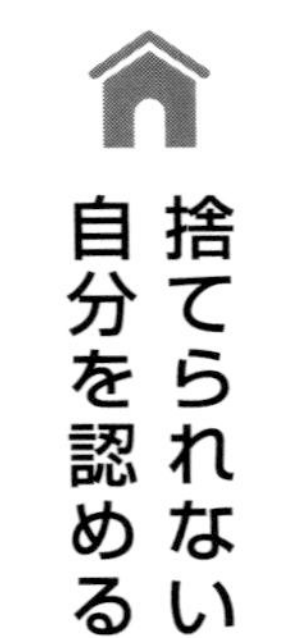

捨てられない自分を認める

ものを捨てられない人は、捨てるという決断を先送りにしている人です。

「決断力が欠けている自覚はありますが、いざ捨てようとすると、どうしても捨てられなくて……」

そんな声が聞こえてくるようですが、まずは「捨てられない」のではなく、「捨てないことを自ら決断している」と認識し直しましょう。鼻をかんだティッシュは、迷わず捨てますよね？　だから、「不要なものを捨てる能力」は、誰もが持っているはず。「捨てられない」という言葉には、自分の意思はなく、ものに支配されている心理状態を表します。実際は、「捨てないことを自ら決断している」のです。そのことに氣づかないと、ずっと「捨てられない」ままです。

では、その**捨てない決断がどこからやってきたのかというと――発生源は、**

「捨てることへの恐怖」です。もっと言えば、捨てた「過去」とその後の「未来」に対する恐怖心です。

1「このあいだ捨てたのは間違いだったんじゃないか」↓過去への恐怖心
2「もしかしたら、捨てたあとに必要になるかもしれない」↓未来への恐怖心
3「もう捨てたことを後悔するのはいやだ……」↓捨てられない！
となるわけです。

今、ものを捨てて得られる「すっきり！」という氣持ちよさよりも、恐怖心を優先しているんですね。

つまり、あなたは恐怖心から、捨てないことを選んで一時の安心を得たわけです。捨てないことでいつでも好きなときに手にとれますし、それが必要で困っている人がいたら、貸してあげることもできますよね。

そう、捨てないことは悪いことばかりではありません。

得てして、多くの人が「捨てられない自分」を責め、自分にダメ出しをしてしまいます。一度そんな自分を否定せずに、認めてみてください。捨てないこ

とも、自分が選んだことであれば尊重してあげましょう。「捨てないことを選んでいるわたしはすばらしい！」。それで良し！ です（笑）。

何事も、自分の選択を尊重しないと、前に進むことができないものです。もし、自分の氣持ちを無視して無理に捨てたとしても、のちのち捨てたことをひどく後悔して、捨てた選択をした自分を否定し始めます。

結果、**「やっぱり捨てちゃダメなんだ」「捨てるとつらい思いをするんだ」と、捨てられない自分に戻るだけです。**

不思議なもので、一度、捨てない自分を尊重して受け入れることができると、「あれ？ なんでわたしは捨てないんだろう？」と考え始めます。すると、「ものが捨てられない」という、ものに支配された状態から解放されて、「わたしがものを捨てない、と選んでいる」といった、自分が主体の思考に変わります。

その段階を経て、初めて「わたしがものを捨てる」といった選択肢について、無理なく考えられるのです。

「捨てない安心感よりも、捨てるすっきり感もアリかもしれない」と感じ始めたら、それは片づけの第一歩。執着から自由になって、捨てることがストレスなく始められる、心の準備ができたということです。

ものにあやつられている**「捨てられない自分」**

自分がものを選択している**「捨てられる自分」**

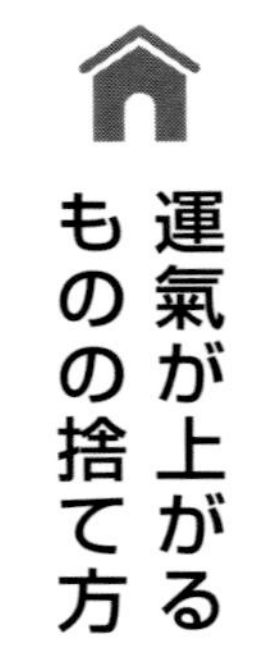

運氣が上がる ものの捨て方

感情に負担をかけずに、ものを捨てる心の準備ができたところで、次のステップである「運氣アップにつながるものの捨て方」へ進みましょう。

まずは、何を捨てて、何を残すか？という選択をどうすればいいのか。ここで、まず最初につまずく人が多いようです。「何を捨てればいいのか分からない……」とフリーズしてしまうんですね。

でも大丈夫、**判断のコツは、たった1つだけ！「今の自分にとって必要か？不要か？」**です。

捨てるか捨てないかの判断をするとき、「これはまだ使えるからとっておこう」というのはおすすめしません。

捨てる基準を「使える・使えない」にすると、ほとんどのものが使えることになるため、いっこうにものが減りません。

極端に言えば、学生時代の制服だって、数年前に買った流行遅れの服だって着られます。でも大事なのは「〝今〟必要か？」です。意識を今現在だけにフォーカスして、判断をすると、ものに対する価値観がガラッと変わります。

今を大切にするために――〝今〟自分が心地良い家に整えて、〝今〟氣持ち良くなるために、捨てるもの、残すものを選択してみてください。

「いつか使うかも」という、不確定な未来のためにたくさんの不要なもので家の中をあふれさせることは、〝今〟を犠牲にしています。

密教は、「今現在を幸せに生きる」ことを重要視します。

今すぐ幸せになるものだけを残す――その氣持ちで捨てる、捨てないを仕分けてみましょう。

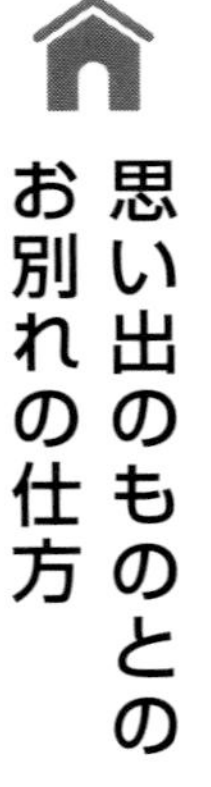

思い出のものとのお別れの仕方

長年使っている愛着があるピアノや、学生時代から愛用しているデスク、家族同然のように思っていたぬいぐるみなど、大事にしていたものを手放すときは、誰もが後ろめたい氣持ちになるものです。それは、執着とはまた違う、思い出の品に対する人間らしい当たり前の氣持ちです。

そうしたものを捨てるときには、ぜひお別れ会や儀式をおこないましょう。密教や風水では、ものにも生命が宿り、心があると考えます。つまり、お別れの儀式は、「物品に宿る生命（魂や神仏）」に対するお礼の儀式のこと。密教では、運は、イコール縁であると考えます。ですから、**大事なものとの縁の始まりと終わりを重んじることは、運氣が良くなることにつながる**のです。

大事なものを手放す前に、塩、米、酒を供(そな)えることもありますが、それ以上にしてほしいのは、感謝の氣持ちを言葉にして伝えることです。


大切なピアノさん。

あなたとの出会いは、小学生の低学年のころでしたね。

初めてうちにきてくれたときの喜びは、今でも覚えています。

残念ながら手放すこととなりましたが、あなたのことはずっと忘れません。心から感謝の氣持ちでいっぱいです。

ありがとう。

○○○○年△月□日　●●●より

こんな感じで、感謝の氣持ちを手紙に書いてもいいでしょう。最後に、一緒に記念写真を撮るのもおすすめです。

手紙や写真は保管しておいてもいいですし、手放したあとに破棄してもかまいません。

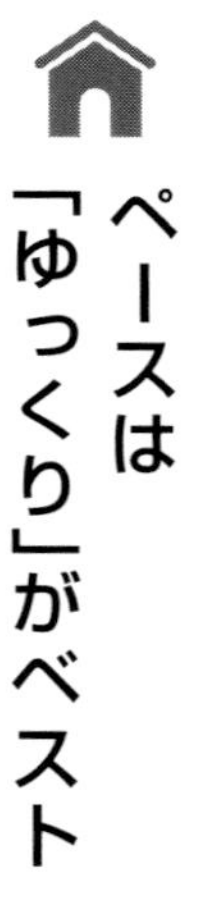

ペースは「ゆっくり」がベスト

子どものころから、親や学校の先生から「早く片づけなさい！」と言われてきた、という人は多いことでしょう。そのせいで、ほとんどの人には「片づけは早くしなくちゃいけないもの」というイメージが植えつけられています。

しかし、**片づけは、必ずしも手早く済ませる必要はありません。**

人にはそれぞれのペースやテンポがあります。片づけるペースは人それぞれ。ゆっくり片づけたければ、そうしてください。

ダイエットと同じで、コツコツと時間をかけて片づけた方が、環境と自分の感情にじっくり向き合えるため、ふたたびものがあふれるなどのリバウンドが起こりにくくなります。

また、始めるときは「今日はたんすだけ」、または「15分だけ」と、範囲や

時間を無理のない設定にしておこなうこと。

いきなり「全てを完璧にやらなくては」と思うと、なかなか始める決心がつかなくなりがちです。まずは始めることが大事なので、プレッシャーに感じない、何かのついでくらいの氣持ちでおこなうことをおすすめします。

決めた範囲を「全部出す」のがコツ

わたしの友人でもある「かたづけ士」の小松易(やすし)さんによると、整理と整頓は違うと言います。片づけのステップ1が「整理」。ステップ2に「整頓」があるという考え方です。

ステップ1　整理
不要なものと必要なものとを区別して、不要なものを破棄し、必要なものだけにする。

ステップ2　整頓
必要なものを、使いやすく、きれいに配置する（5ページ参照）。

この方法論で言うと、たとえばタンスを片づける場合、ポイントは、引き出しの中にあるものを、全てガバッと外に出すことです。

多くの人が、引き出しを開けてガサゴソと不要なものを見つけては、1つずつピックアップして捨て、残った必要なものを配置する……というやり方をしていると思います。

その方法では、ビフォーアフターの差が大きく感じられず、整理整頓されたような、されていないような……という微妙な結果になりがち。

その原因は、不要なものを見つけては1つずつ捨てるやり方にあります。

見た目も氣持ちもすっきりさせるコツは、引き出しの中のものを、迷わず「ガバッ!」と、いったん外に出すこと!

引き出しが一度、完全に空になり、何もものがない状態を目で見て確認できるのもメリット。散らかった無秩序な状態から、すっきりとした何もない空間にリセットすることで、新しいイメージをもってあたれるようになります。

タンスの他、ウォークインクローゼット、オフィスのデスク、倉庫などを片づける際も、中に入っているものをいったん全て移動するやり方をすると、要・不要の振り分けがスムーズで、すっきりと片づけられます。

そのあとに大切なのは、それぞれのものを置く場所を決めて、きちんとルール化すること。

散らかる最大の理由は、ものを元あった場所に戻さずに、あちらこちらに置いてしまうことにあるので、シールなどを使って置く場所を明確にする――それぞれのものに決まった〝住所〟を与えて、見える化するのが効果的です。

第3章

感情を整える「家」の片づけ

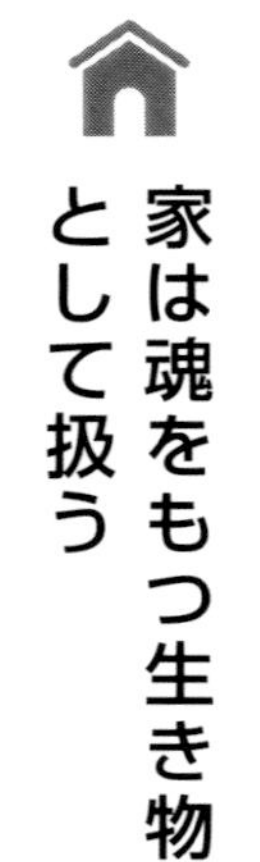

家は魂をもつ生き物として扱う

前章では、不要なものの捨て方についてお伝えしました。

この章では、２つ目のステップとなる、運氣を引き寄せる部屋の整え方についてご紹介します。

まずお伝えしたいのは、家に対する風水的な捉え方。

密教や風水では、前章でも触れた思い出の品と同じように、「建物は生き物」、つまり建物を生命体として捉えています。

建物を建てるときにおこなう、大地を鎮める儀式が「地鎮祭」。それに対して建物が完成したときにおこなう「竣工式」は、入居前に建物に対して入魂（御魂入れ・開眼）するための儀式です。つまり、魂が宿る生命体として、建物は扱われています。

同じように、取り壊すときには「解体供養」という、建物のお葬式（御魂抜き）にあたる儀式もおこないます。

最近では、竣工式も解体供養もおこなわれることが少なくなりました。しかし「家は魂を有する生き物」と考えれば、家を建てるときは生命の誕生、取り壊すときは生命の終わりになるわけですから、できることなら簡単でいいので儀式をおこなっていただきたいものです。

自宅は過ごす時間の長さから、住む人の感情とのつながりが強くなるため、ご不幸があるときは家の雰囲氣が沈み、慶（よろこ）び事があるときは明るく盛り上がるのが、外から見ていても不思議と感じ取れるものです。

そうして、住む人の感情は、家の記憶として宿っていきます。

第1章でもお話ししたように、自宅や仕事場を丁寧に扱うことイコール、自分を大切にすることになるのです。

自宅はくつろぎの空間で、帰りたくなる場所。仕事場は仕事をする空間で、集中したい場所。いずれも、日ごろお世話になっているお礼として、人に接するのと同じようにリスペクトの氣持ちをもって手を掛ける——すなわち、掃除や片づけをすることが大切です。

明日もあさってもその先も、ずっとお世話になるわけですから、心をこめて扱うほど、未来の自分にすてきな流れがもたらされます。

逆に、手を掛けずに散らかしっ放しにしているのは、今の自分をないがしろにし、未来の自分の可能性を「ふさいでいる」のと同じことになるというわけです。

掃除や片づけをしながら「いつもありがとうね」などと感謝の言葉を掛けると、その空間とより仲良くなれるのでおすすめです。

引っ越しをするときはきれいに掃除をして、長年愛用したものを捨てるときと同様に、家宛てに感謝の手紙を書くといいでしょう。

最も簡単な風水術は空氣の入れ替え

ここでは、誰でもできるいちばん簡単な風水のテクニックである「空氣の入れ替え」についてお話ししましょう。

風水の「風」は空氣、「水」は水質を意味します。

したがって、風水的な好立地条件は空氣と水質の良い所になり、室内における風水も「自然を感じられるような心地良さ」が基本になります。

じつは、病氣、トラブル、不運は「不自然」に感じることや不快さの中に潜(ひそ)んでいます。

もし、毎日窓を閉めきって、よどんだ空氣の中で生活していたら……。

体調や氣分が悪くなったり、家庭の雰囲氣も悪くなったり、仕事のパフォーマンスが落ちてミスをすることも想像できますよね。

風水においては、氣の流れがいい状態のことを「運がいい」、氣が滞（とどこお）っている状態のことを「不運」、と言い換えることもできるのです。

そこで、ぜひ習慣にしてほしいのが、空氣の入れ替えなのです。

空氣の入れ替えは最も簡単な風水術で、おすすめの時間帯は「辰（たつ）の刻」といわれる朝7時から9時です。

これは「ドラゴンタイム」と呼ばれる時間帯で、古くから氣が最もよく動くときといわれています。

風水では、氣が吹き出る場所を「龍穴（りゅうけつ）」、氣の流れを「龍脈（りゅうみゃく）」といい、「龍」イコール「氣」と解釈します。

ドラゴンタイムは「龍の時間帯」であり、氣が集まり、氣が最も流れるタイミングのことです。このときに空氣の入れ替えをすることで、夜の「陰の氣」

朝７時から９時は「ドラゴンタイム」
窓を開けて運氣を呼び込む

と朝の「陽の氣」がスムーズに入れ替わり、氣が循環して、自宅やオフィスが活性化します。

陰は「沈静」、陽は「活性」のエネルギーを意味します。

夜の陰のあいだに必要なのは「沈静」なので、窓を閉めて照度を落とすのが休息睡眠に吉となります。反対に、朝や昼間の陽の時間に必要なのは「活力」なので、窓を開き、光や風の動きを活用することで良い運氣を引き寄せるのです。

ドラゴンタイムにあたる朝の7時から9時までの2時間、ずっと窓を開けておく必要はありません。感覚的に、空氣が入れ替わったことが感じ取れるくらいの時間で十分です。

住居の照明はオレンジ系の白熱灯が基本

照明をオレンジ系の白熱灯にするのは、風水の基本的なテクニックです。温かみのある色合いはやさしさや活力をもたらし、自然光にも近く、喜びにあふれた「生氣」を放ち、安心感をもたらします。リゾートホテルなどのリラックス空間で使用される照明は、ほとんどが白熱灯ですね。

一方、照度が高く、明るさが必要な倉庫や工場など、活発に働く場所にふさわしいのが、蛍光灯です。ただし電磁波も強いので、頭の近くで長時間蛍光灯の光を浴びていると、強いストレスとなってしまいます。つまり、心と体をゆっくりと休めたい自宅では、蛍光灯は不向きということ。さらに白っぽい色彩は清潔感があっていいのですが、割合が多過ぎると憂いや悲しみを喚起させたり、怒りにも通じる「殺氣」を放ってしまいます。また、白という色は、反射の色なので落ち着かず、リラックスしにくいこともデメリットです。

今、自宅で蛍光灯をお使いの方は、ぜひ白熱灯に替えてみてください。もしくは、同じ蛍光灯でも「電球色」という温かなオレンジ色のものがあるので、そちらを選ぶといいですね。ＬＥＤやハロゲンライトにも電球色があります。明かりの色がオレンジ色になるだけで、その場がくつろいだ雰囲氣に一変します。

温かな色彩の明かりには、空間を円満な空氣に変える効果があります。そして空間が円満になるほど、良好な家族関係や金運や人脈、財脈を呼び寄せます。白熱灯、もしくは電球色に替えるだけの手軽な方法ですから、試さない手はありませんね。

もし手元に照度が足りないと感じる場合は、一部だけを照らす卓上ライトなどを足すといいでしょう。

「掃除道具の掃除」も忘れずに

前述したとおり、風水を実践するに当たって基本になるのは、「3K（暗い・臭い・汚い）」状態を避けて、「3S（整理・整頓・清潔）」を心掛けることです。

しかし、ゴミが詰まった掃除機や真っ黒に汚れた雑巾を使っていては、せっかく掃除をしても逆効果というもの。空間を整えるはずが、汚れを拡散して逆に氣を乱してしまいます。

掃除のことを「清める」ともいいますが、空間は清潔な道具で掃除するからこそ整い、「氣」が循環し始めます。

掃除機のダストボックスはきれいにする、雑巾はよく洗って天日干しするなど、掃除前の準備、掃除後の決まりとして、道具を「清める」ことを習慣にしましょう。

ただ、過剰に神経質になる必要はありません。「掃除道具の掃除」は、掃除のたびに毎回しなくてはいけないというものではなく、掃除機のゴミなら微細なホコリやチリが塊(かたまり)になってきたら捨てる、雑巾は洗っても汚れが落ちなくなったら新しいものに取り替えるくらいで十分です。もし雑巾を洗うのが面倒なら、使い捨ての床拭きシートを使うのもいいでしょう。

「掃除道具の掃除」も習慣化するまでぜひ続けてみてください。新しい習慣は自分の意識を高めて、人生の流れを確実に変えます。

新しい行動を1回、2回しただけでは、流れは変わりません。行動が習慣として身に着いて初めて、流れが変わるのです。

よい習慣を手に入れるイコール、運をつかむ、ということでもあるのです。

氣の流れを整える風水2大アイテム
①観葉植物

風水で氣の流れを整える代表選手といえば、観葉植物と水晶です。2つとも環境浄化作用が高いので、置かない手はない、というほど力があります。

「植物は手入れが面倒で苦手」という方は、イミテーションの観葉植物でもいいでしょう。生きているものと違って生氣は出ませんが、色や形によってちゃんと氣の流れは良くなります。

観葉植物は、氣持ちを沈静化させるリラックス効果が期待できるので、リラックス空間であるリビングルームにぴったりです。

選ぶポイントは、幹にしっかりと太さがあって、上に真っすぐ伸びるタイプであること。葉は大きめで、形が整っていること。

これらの観葉植物は見る人に発展や上昇を連想させ、無意識に働き掛けます。できれば鉢のデザインや素材も上質なものにこだわるといいでしょう。とはいえ、うっそうとしたジャングルのようにするとかえって氣の流れが阻害されてしまうので、植物のスペースは部屋の1割程度を目安にしてください。

【おすすめの観葉植物】

アレカヤシ、パキラ、モンステラ、幸福の木、ソングオブジャマイカ、オーガスタ、ユッカ、サンセベリア

【おすすめしない植物例】

- つる性で下側に這(は)うように伸びるタイプ：ポトスなど。
- 葉の落ちやすいもの：ベンジャミンなど　※きちんと手入れできればＯＫ。
- とげがあるもの：サボテンなど。とげは殺氣となるため。
- ドライフラワー：趣味の部屋などに置くには問題ないですが、枯れた氣を発するため、家族でくつろぐリビングには不向き。プリザーブドフラワーはＯ

K。

【配置のポイント】

- 目につきやすい所。動きの邪魔にならなければ、どこに置いてもOK。
- 大きめの鉢を置く場合、氣がよどみやすい部屋の角がベスト。
- 中ぐらいから小さい鉢は、各部屋の窓際や棚の上に。観葉植物が持つ「有機質の生氣」は、電化製品が放つ「無機質の殺氣」を中和するため、電化製品の近くに置くと室内の氣のバランスがとれる。

【おすすめしない配置場所】

- キッチン、ダイニングテーブルの上、寝室。
- 土の中には微生物やバクテリアがいるため、衛生上、食べものを扱う場所は避ける。どうしても置きたい場合は、土を使わないハイドロカルチャーに。
- 植物は夜に酸素を吸って二酸化炭素を出すため、寝室に置くと、就寝中の呼吸の妨げに。どうしても置きたい場合は、葉が大ぶりのものを避ける。

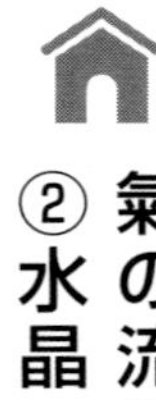

氣の流れを整える風水2大アイテム
②水晶

透明の水晶は、精神や環境を浄化する強い力を持っています。風水で使うのは、カッティングが施(ほどこ)された多面体水晶と、丸い球体水晶の2種類です。

部屋の角や照明が届きにくい場所など、「なんか、ここの氣がよどんでいる」と感じる場所には、「氣を散らす」働きがある多面体水晶を天井からつるすといいでしょう（7ページ参照）。

氣がよどんでいると感じる部屋の角に水晶を飾る方法は、次のとおりです。

1 多面体水晶（通し穴のあるもの）に、15～30㎝の赤いひもや糸を通す。ひもや糸を赤にするのは、密教や風水では赤は火の氣を放ち、悪い氣を焼くと考えられているため。

2 設置したい部屋の角の天井にひもや糸を画びょうで留め、つるす。水晶は壁にぴったりつけずに、1㎝ほど離すこと。

「この部屋は全体的に氣がよどんでいる」と感じる場合は、部屋のドアの真ん中に下がるように、天井からつるします。そうすると、その部屋に入ってくる氣を、運氣アップの生氣に変換してくれます。このとき、ドアの開け閉めの邪魔にならないように氣をつけてください。玄関が暗い場合は、玄関の扉の真ん中、もしくは隅に下がるようにつるしてください。

ちなみに、球体水晶は氣を「とどめて保つ」働きがあります。そのため、氣がよどんでいる所に置くと、悪い氣をためてしまうことになるので不向き。逆に、良い氣の流れを感じる所に置くことで、氣をためて増幅してくれる働きをしてくれます。ただし、日光の当たる所に置くと光と熱を集めすぎてしまい、火事の原因になってしまう可能性もあるので注意してください。

また、氣が水に流れていきやすい所や火に焼かれてしまう所——つまり、トイレ、キッチン、バスルームに氣が消失するような「氣抜け」を感じる場合には、球体水晶を置きましょう。やはり「氣をとどめる」働きで、「氣抜け」の状態を防いでくれます。

どちらのタイプの水晶も、ある程度時間が過ぎたり汚れが目立ったりしてくると、環境浄化の力が弱まってしまいます。そのため、半年に一度、もしくは季節が変わるごとに次の方法で浄化をしてください。水晶の力をリセットすることができます。

【水晶の浄化方法】

- 塩水（食塩ではなく未精製の塩を使用）に一晩つける
- 流水でよく洗って満月の光に数時間当てる
- 流水でよく洗って朝日に数時間当てる

天然石である水晶は、過去の記憶や情報を宿すといわれるので、信頼できる所で、浄化されたものや祈祷（きとう）されたものを購入してください。

絵の選び方

風水では、自宅でも仕事場でも、壁に大きめの絵や写真、風景画を飾ることをすすめています。風景画は、目にした人に明るく広々としたイメージを連想させるからです。抽象画でも明るいイメージを連想できるものがいいですね。明るいイメージとは、それを見ていると解放感、発展性、ぬくもり、やさしさを連想できるもののこと。「目にしたときの氣持ち良さ＝良い氣が発生している」というプログラムを、環境に構築するのが風水です。氣持ちいいもの、心地いいもので自分の身の回りを囲むほど、良い氣を引き寄せるプログラムを環境とそこに住む人々に入力することにつながります。自分の好きな絵や写真は、とても簡単で効果的な、良い氣を引き寄せるプログラムとなるわけです。

逆に、冷たさ、悲しみ、恐怖、違和感などの暗いイメージが頭の中に浮かぶものは、ご想像どおり運氣を下げます。

過去、ご相談を受けたお宅では、白と黒のらせんが描かれた抽象画が飾られていました。奥さんはその絵を初めて見たときにちょっといやな感じを受けたそうです。その後、奥さんはその絵を飾ってから、家計が苦しくなったり、仕事がうまくいかなくなった、と氣づいてすぐに外したとのこと。その後、無事に通常の家計へと戻られたとのことです。

たかが絵1つと思いますが、日々、絶え間なく無意識に働き掛けてくる「いやな感じ」は、やはりストレス（殺氣）となっているわけです。

この**第一印象でいだいた違和感というのは、とても正確に殺氣を捉えています。「最初にしか感じることができない」感覚で、重要かつ微細なアラームです。**

この違和感をスルーするか、それともちょっと掘り下げてみるか、という対応の違いが、その後の吉凶を大きく左右します。

人にはどんな環境にも慣れてしまう環境適応能力が備わっているので、第一印象でいだいた違和感を一度スルーしてしまうと、次からはなかなか感じることが難しくなります。しかし、無意識下ではずっと殺氣の影響を受けつづけ、人の思考や感情を混乱させるのです。

この最初の感覚には個人差がありますが、その家に住む家族みんなで感覚をもち寄るといいですね。絵や写真を購入する前に「これ、どう?」と家族の意見を聞いてみてください。その反応が「ん? 別に……」という、可もなく不可もない反応ならOKだと解釈してかまいませんが、もし「なんか怖い」「うまく言えないけど、いやな感じがする」「ちょっと不氣味」といったネガティブな反応があったら、少なくとも共有スペースに設置するのは避けましょう。

ちなみに、家族の反応のいかんにかかわらず**避けた方がよい絵は、人物画です**。とくに、顔がこちらを向いていて視線を感じるものは、まるで「そこに人がいるような感じ」や「人から見られている」ような感覚を与えるために、緊張感(殺氣)を生むので、避けた方がいいでしょう。

また、剣やピストルなど、争いや戦いを連想させる絵も好ましくありません。

【環境を活性化する絵のポイント】

- 明るくて軽い色やシャープなタッチであるほど、氣の流れを速くするため、環境は活性化する。
- 元氣や活力が欲しい玄関やリビング、ダイニング、子ども部屋には、赤や黄色、オレンジなどの暖色系をベースに。ただし、イライラするほど活氣があり過ぎる場合は、あえて沈静化を促すために寒色系のものを飾るといい。
- 恋愛運を上げたい場合はピンク、金運なら黄色、健康運は緑、成功運は青、家運隆盛は赤がメインになったものを選ぶ。

【環境を沈静化する絵のポイント】

- 暗くて重めの色、もしくはゆるやかでやわらかいタッチであるほど、氣の動きがゆるやかになるため環境は沈静化する。
- リラックスしたい寝室やトイレ、バスルーム、集中したい勉強部屋や書斎は、青や緑、青みがかった紫など寒色系をベースに。ただし、氣持ちが落ち込むほど陰氣になり過ぎている場合は、あえて暖色系のものをプラスして調和をとるといい。

- 仕事運と決断力を上げたい場合は青、事業発展運ならアクアブルー、人脈運なら緑がメインになったものを選ぶ。
- モノトーンの絵や写真は避ける。白黒つけるという言葉があるとおり、厳格さや緊張感をもたらすため。修行の場や道場や和室には合うが、洋室やオフィスには不向き。

【設置する際の注意点】

- 絵のサイズが壁面に対して大き過ぎたり、数が多過ぎると、圧迫感から殺氣が生じる。壁面に対して1割程度を飾るスペースとすると、バランスが良くなる。
- 壁の4面全てに絵を飾るのは、情報過多になって圧迫感が生じる。飾るのは1面、もしくは2面までに。

- 設置する高さは目線を目安に。見上げるほど極端に高い位置や床にじか置きするのは避ける。
- 設置する際は、床に対して平行にすること。絵や写真の傾きは、住む人の思考や感情だけではなく、家運を傾けることにもつながる。

また、ポスターを飾る場合は、絵や写真と同様に額に入れることをおすすめします。画びょうなどで壁にじかに貼るとどうしても雑な印象になり、チープな雰囲氣が生まれるため、美しいものを飾っているという満足感がどうしても高まりません。

絵や写真はときどき替えて脳を刺激する

最近は断捨離（だんしゃり）ブームからか、いかに家の中のものを減らしてシンプルに暮らすかということに注力する人が増えてきました。

不要なものを減らすことの大切さについては、第2章でお話ししましたが、あまりにも殺風景なのは、じつは風水的には良いとは言えません。

自分が身を置く空間の色や景色があまりにも殺風景だと、風水的には「視覚の栄養不足＝寂しさの氣（殺氣）」となるからです。

風水鑑定でよく出合うのは、黒、白、グレーしかない空間です。これでは完全に色彩不足となり、心が硬直してしまいます。白黒はっきりしろ！という戦いの相になってしまっているわけです。さらに、思考が偏（かたよ）ったり、イメージ力や共感力、柔軟性の欠如など、感情や思考にも良くない影響が出やすくなります。

きれいな色、形、素材感、何よりも自分の好きなものは、目から得る大切な心の栄養源なんですね。

同じように、ずっと何年も同じ空間――マンネリ化も良くありません。どんなにお氣に入りの絵や写真であっても、**何年も飾りっ放しで目にとどめることもなくなると、「マンネリによる殺氣」が生じます。心が動かなくなり、無関心、無感動にもなりがちです。**

四季にあわせて、夏の暑い時期には涼しさを連想させるもの、冬の寒い時期には暖かさを連想させるものなど、飾る絵や写真は、定期的に替えることをおすすめします。

同じ絵や写真でも、一度外して時間をおいてからふたたび飾ると新鮮に見え、新たな感覚を味わえるでしょう。

自宅においても、適度な「びっくり」は大切です。

いつもと代わり映えしないというマンネリは、思考や感情をつまらなくさせます。脳は安定を求めながら刺激も求める、という矛盾で出来上がっているので、自分の好きなもので、目だけでなく、鼻や耳にもいい刺激を与えてください。

たまに花を飾ったり、カーテンを替えたり。昔大好きだった音楽を聴いたりすることで脳が活性化し、いい刺激になります。

家は散らかっていなければいい、というだけではなく、住まいを楽しむ感覚が氣の流れをより良くして、幸運をもたらします。

もっとも、子育て中などで余裕がないときには、無理してやる必要はありません。無理をすると殺氣が生じるので、余裕があるときにだけ、自分の好きな刺激を楽しんでください。

空間は臓器と共鳴する

風水的に整っている空間は体調を活性化させ、逆に、風水の乱れた空間は不調を招きます。風水では、それぞれの空間はそれぞれの臓器と共鳴関係にあり、空間を乱すことは特定の臓器にも悪影響を及ぼす、と考えます。

たとえば、トイレの掃除が行き届いていなくて、悪臭もするような陰氣に満ちていたら、使っていて氣分が悪いですよね。そのうち、トイレに行くのがいやになって、用を足したくなっても、無意識に我慢するようになるでしょう。

そのストレスは、腎臓や膀胱(ぼうこう)などの泌尿器にかかります。なかには、トイレを我慢するのはいつものこと、慣れているから大丈夫、という方がいるかもしれませんが、泌尿器は繰り返しストレスを受けています。それも一日に数回のことですから、小さなストレスがかかりつづけ、最後には疾患となって現れてしまうのです。

また、ダイニングの食卓が新聞や郵便物、文房具で散らかっていたり、照明が暗くて食事がおいしそうに見えなかったりしたら、どうでしょう？　食欲に影響が及んで、胃腸の調子が悪くなる恐れがあります。

それらの不調が共鳴する空間を整えることで改善することは、風水的によくあることなのです。

空間ごとに共鳴する臓器、体の部位については、次のとおりです。

【玄関】　外と中の分岐点で世間に向ける「顔」。また、家の方向性＝家運を決める場所であり、「脳」。

【ダイニング】　食事をとる場所なので、食べたものを消化する「胃腸」。

【リビング、バスルーム】　リラックスと解毒をする場所である「肝臓」。

【キッチン】　生命の源になる食事をつくる場所なので、生命維持の基本になる栄養吸収をおこなう「小腸」。

【寝室】休息をとって体のバランスを整える場所なので、あらゆる流れとリズムをつくる「心臓」。

【トイレ】排泄する所なので、排泄に関わる「腎臓や膀胱」。

【書斎】論理的に考える場なので、論理的思考をつかさどる「左脳」。

ちなみに、場所ではありませんが、「天井の高さ」は、呼吸の浅さ、深さと関わるので「肺」と関係しています。

空間ごとの具体的な調整方法を、これから順にご説明していきましょう。すでに不調を感じている臓器があれば、該当する空間を掃除し整えてみてください。それだけで生氣が生じ、体調が改善していく実感が得られると思います。

運氣を呼びこみ、脳と共鳴する「玄関」の整え方

外と中の分岐点で、世間に向ける〝顔〟であるのが玄関です。

家の方向性（家運）を左右する場所でもあり、人の体との関連でいえば、脳と共鳴しています。

わたしは相談者の方から「時間がないときでも、ここだけは整えておいた方がいい所はどこですか？」と聞かれたら、いつも「玄関！」と答えています。

玄関は「氣の入り口」でもあるのですっきりと片づいていて、広々としているほど、良い家運が呼び込めます。

また、**玄関に靴や傘が出しっ放しになってゴチャゴチャしていると、関連している脳も――頭の中もゴチャゴチャします。**逆に、玄関をちょっと片づけるだけで、掃除や片づけをした実感がとても大きく感じられ、頭の中がすっきりします。

運氣を呼び込み、脳の状態を左右する――そんな重要な場所である玄関を整えるポイントをご紹介しましょう。

【玄関を整えるポイント1】靴も傘も出しっ放しにしない

「靴はそろえなさい」と小さなころから教わってきた、という人は多いと思います。風水はさらにステージが高く「靴は出したままにしないで、靴箱にしまいましょう」と教えます。少なくとも一日の終わりには、たたきに靴が1足もない状態に整えることを習慣にしましょう。

同じように、玄関をゴチャゴチャさせる代表選手である傘も出しっ放しにしないのが基本です。傘立ては雨の日限定で出すようにしましょう。

また、傘は知らず知らずのうちに増えていきがちなので、古いものや使っていないものは処分することも習慣にしてください。

そして、たたきと玄関扉は定期的にきれいな雑巾で拭き上げることが理想的です。靴も傘もないすっきりした状態だと、掃除もしやすくなりますよ。

【玄関を整えるポイント2】美しいものや香りで演出をする

玄関は、外出時は「さあ出かけるぞ」と内から外へ、帰宅時は「ただいま～」と外から内へ、スムーズに氣分を切り替える場所ですよね。

家に帰ったときいちばんに、そして家を出るときには最後に目にする場所ですから、美しいもの、好きなもの、心休まるものに迎えられ、送り出されたいと思うものです。

そのため、**玄関には自分が好きな絵や花を飾るのが吉、です**（9ページ参照）。

とくに、元氣や活力が欲しい「陽の氣」を呼び込みたい場所である玄関には、暖色系の明るい色彩の絵や花が好ましいでしょう。絵の内容は、花や自然の風景が描かれた風景画や、やわらかな色彩の抽象画が風水的におすすめです。

もし、絵や花などを飾るスペースがなければ、無理に置く必要はありません。狭い場所に無理やり飾ると、それにつまずいたり、倒してしまったりと、生活動線の邪魔になります。そして、やはり殺氣を生む原因にもなります。

その場合は、場所をとらないアロマやお香、ルームスプレーなどの香りや雰囲氣のある照明で演出をするといいですね。

光が入らない暗い玄関の場合は、終日照明をつけたままにして完全に暗くならないようにすることで、氣の流れを止めないようにする効果があります。

【玄関を整えるポイント3】鏡で広がりを演出する

鏡を壁に設置して、実際の空間よりも広々と見せるようにするのも運氣アップの演出となります。よく家相では、鏡を設置するのは玄関に入って右がいいとか、左がいいとかいいますが、実用的であればどちらでもＯＫです。

ただし、外から中に入って玄関扉を背にしたとき、真正面になる位置はＮＧ

です。真正面に設置すると、外から入ってきた氣を、鏡が跳ね返してしまうためです。また、玄関扉に鏡を設置するのも、氣の出入りをふさぐことになるので避けましょう。

鏡の形は、円満を意味する円形か、安定を意味する四角形がおすすめです。その中間の形となる六角形や八角形でも構いません。

ただし、風水で火を意味する三角形の鏡は、争いが多くなり火事になりやすいといわれるので避けてください。

鏡のフレームの素材は、ウッド系にするのがベターです。モダンなイメージを演出できる金属性でも問題はないのですが、そのクールさがどうしても寒々しさにつながってしまうという面はあります。

寒々しい所には人が集まりにくいのが難点です。**人が集まる所に「人氣」が出て、人氣はお金が集まる「財氣」につながる**ので、寒々しい空間にいると、お財布の中身まで寒くなりがちに。

そういう意味でも、鏡のフレームは温かみのあるウッド系がおすすめです。

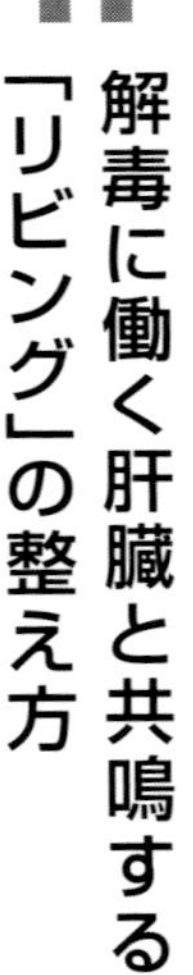

解毒に働く肝臓と共鳴する「リビング」の整え方

リビングは家族が集うくつろぎの場であり、癒やしの場。

肝臓が疲れていると怒りっぽくなるといわれるように、リビングでくつろげないと住人も怒りっぽくなる傾向があります。**けんかが絶えない家は、たいていリビングがくつろぎの場所として、機能していません。**

肝臓は解毒をおこなう重要な臓器。その疲れと、心身を癒やしてくれるのが、理想的なリビングです。

では、どうすればそんなリビングに整えられるのか、そのポイントを説明しましょう。

【リビングを整えるポイント1】色と質感は「リゾートホテル」風が吉

リビングの空間づくりのイメージモデルはリゾートホテルです。温かみのある暖色系でまとめられた癒やしの空間は万人受けするため、家族から文句が出ることもまずないでしょう。色だけでなく、素材も木が使われていたり、グリーンが飾られていたりと、自然素材のやわらかさ、植物の爽やかな存在感があることもポイントです。

ちなみに、床と天井の色を決めるときには、必ず天井を薄い色にするのが、明るくつろげる空間にするコツです。逆に、天井が黒くて床が白っぽい空間——頭の上に重い色がある部屋にすると、厚くて暗い雲が広がっている曇天の日のように、重苦しくどんよりした氣持ちになってしまうので避けてください。

また、リビングをモノトーンでまとめるのもおすすめしません。

一見、都会的でおしゃれに思えてしまいますが……白黒の意味どおり、家族の会話も白黒はっきりつけるようなキツい言葉が交わされるようになって、緊張感が生じてしまうからです。

風水的には、薄い暖色系でまとめられた空間は、氣のフットワークが軽くなって活氣が生まれます。働き盛りの若い夫婦、子どもがいる若年層世帯は、特に軽くて明るめのインテリアがふさわしいといえます（10ページ参照）。

逆に、落ち着きがほしい年配の世帯には、長寿と安定を意味するブラウン系にまとめると、氣が落ち着いてのんびりとした雰囲氣となるのでおすすめです。

リビングの主役であるソファは、温かみがある色合いで、かつ布張りのものがいいでしょう。革製やビニール製は質感が冷たく、体も氣持ちも冷えやすくなるので避けた方がベターです。クッションは、やわらか過ぎると無氣力になりやすいので、「ややややわらかめ」がよいでしょう。

購入の際はネットからよりは、実店舗に行ってすわり心地を確かめてから決めると失敗しません。

【リビングを整えるポイント２】テーブルで高低差をつける

リビングとダイニングが同じ空間にある場合、食事用のダイニングテーブルと、ソファ用のテーブルの高低差をつけるのがおすすめです。

背の高いテーブルはすっきりとした心地良い集中力を、低いテーブルはやわらかなくつろいだ雰囲氣を生みます。両方高いテーブルにすると、緊張感の度が過ぎてしまい、逆に、両方低いとくつろぎを通り越してだらしない雰囲氣を生みます。それぞれのテーブルに高低差をつけるとバランスがとれる上、室内に起伏がついて、氣が活性化し、リビングに活氣をもたらす効果が得られます。

【リビングを整えるポイント3】テレビは家族だんらんのツールにする

リビングにテレビを置くかどうか——子どもがいるご家庭の場合、教育的な配慮から悩んでいる親御さんは多いのではないでしょうか。

風水的に言えば、リビングにテレビを置いても、なんの問題もありません。

しかし、見る時間や番組を決めないと家族の会話が減ってしまう、というのは現実問題としてあります。

わたし個人は、テレビ不要派です。実際、うちにはテレビはありません。2人の子どもたちは「テレビはおじいちゃん、おばあちゃんのお家で見るもの」と認識していて、とくに問題にもなっていません（笑）。

ただ、今の時代にテレビなしの生活は困る、というご家庭も多いと思いますので、家族で映画やアニメを見てだんらんするためのアイテム、という位置づけでリビングに置くのはいいと思っています。

わたしがテレビ不要派の理由は、一方通行のメディアのため、求めていない情報がたくさん流れ込んでくる点です。求めていない情報がランダムに入ってくると、雑音となって、思考や感情を乱します。自宅やオフィスの環境の整え方と同様に、**感情を整える上では、視覚情報はできるだけ少ない方がいいのです。**

テレビから流れ込んでくる情報よりも、一緒に住んでいる家族が今日何をしていたか、何を感じたかという情報の方が、充足感が得られますので。

生命のエネルギー源の場であり小腸と共鳴する「キッチン」の整え方

家族全員の生命の源となる食事をつくるキッチンは、食べ物から栄養を吸収し、免疫とも関係が深い小腸とかかわりの深い場所です。

どの空間も清潔にすることは大前提ですが、キッチンは食べ物と水を扱う場なので、衛生面は特別氣を遣っておきたい空間。道具が多く、調理で汚れやすい場なので、片づけと掃除が大変な場所ナンバーワンでもありますが、整えるコツをしっかりと知っておくことは、命を支える力にもなります。

【キッチンを整えるポイント1】食材や食器を出しっ放しにしない

生命の源になる食事を作るキッチン。衛生面の問題から、食べ残しや使った食器をはじめ、未使用の食材や食器類も出しっ放しにせずに、冷蔵庫や棚などにきちんとしまう心掛けが大切です。

調味料類も、なるべく棚や引き出しに収納しましょう。見た目にきれいにレイアウトしているお宅もありますが——出しっ放しはホコリがたまりやすくなるので、避けた方が無難です。

「どうせ毎日使うものだし、出しておいた方が便利！」という方もいますが——**調味料に限らず、フライパンや鍋などの調理道具も使うときに出して、使わないときは全てしまうのが基本です。**

効率的にも、これからつくる料理に不要なものがキッチンに出ていない方が邪魔にならず、段取り良く料理できます。

いろんなものをゴチャゴチャと置かない、というのは風水の基本中の基本ですが、キッチンにおいても同様です。不要な視覚情報に惑わされずに済むのです。

【キッチンを整えるポイント２】蛇口やシンクは磨いた状態をキープ

蛇口やシンクなどの水回りは、水垢（みずあか）や汚れがついているとカビや虫が発生しやすいので、こまめに掃除しましょう。

冷蔵庫の中においても同じことがいえるので、庫内の掃除も欠かさずに。ちなみに風水的に、冷蔵庫の中は健康運と密接につながっています。食材の量を適度にしてきれいに管理するほど、健康運がアップする、と覚えておくといいですね。

シンクをピカピカに磨くと、モヤモヤとした氣持ちもすっきりして氣分がいい、という方がいますが、その実感には風水的な裏付けがあります。**ピカピカとした「光沢」には、氣の流れを活性化させる効果があるのです。**

そのため、悩みやなかなか解決できない問題を抱えて、氣分が停滞しているときには、シンクや水回りを徹底的に磨いて、掃除するのがおすすめです。

氣の流れにスピードが出るので、思考や氣持ちがクルクルと働きだし、心の曇りや陰りも一氣に晴れていきます。ものの見方の純粋性や素直な氣持ちがよみがえり、悩みが吹っきれたり、思わぬ解決法を見いだしたりするきっかけにもなるでしょう。

臭い、汚れが
なくて清潔
キッチン道具や
調味料が全て
収納されている
シンクや
水栓が
ピカピカ
ダイニングと
対面している

健康運を左右し、心臓と共鳴する「寝室」の整え方

寝室は、人が最も無防備な状態で過ごす空間です。そのため、起きているとき以上に環境の情報が入力されやすい場であるといえます。

良い氣の流れも悪い氣の流れも、睡眠中の自分自身に日々蓄積されるため、寝室は運氣の良し悪しを大きく左右し、次の日の方向性までも決めてしまう重要な場所。

寝室が共鳴する臓器は、生命の中心でもあり、あらゆる流れとリズムをつくる心臓です。一般的にも睡眠は健康状態を左右するといわれますが、風水でも、健康運を見る上で非常に重要な場所です。

疲れがとれない、眠れない寝室は不運をもたらします。逆に、よく眠れる寝室に整えれば、心と体の免疫力が上がって、開運、幸運を引き寄せる結果になります。

もし、夫婦の仲があまり良くないと感じる場合は、寝室を念入りに片づけてみてください。**夫婦2人のプライベートスペースである寝室が片づいていないということは、2人の関係性もゴチャゴチャとして混乱しやすくなっているということです。**

また、寝室の環境が悪くて眠れないと、疲れが抜けませんよね。その結果、相手を思いやる氣持ちに欠けて、人間関係が悪くなることもあります。

ではどんな寝室がベストなのかというと、活氣や生氣を呼び込む玄関やリビングとはちょっと違います。寝室を整えるためのキーワードは「氣の沈静化」と「温かな素材感と色」です。氣の流れをできるかぎり落ち着かせ、温もりのある心休まる雰囲氣をつくることが重要となります。その具体的なポイントをご紹介していきましょう（12ページ参照）。

【寝室を整えるポイント１】暖色系で寝具を統一する

シーツやカバーなどの寝具に使う色は、温かで穏やかなイメージの薄いベージュや黄色などの暖色系やブラウン系でまとめると、良質な眠りを誘いやすくなります。

逆に寝具で避けた方がいいのは、多色使いのものや派手な柄物と、寒色系です。多少の刺繍柄などは問題ありませんが、**見た目に刺激が強いものは寝つきを悪くするので、注意してください。**

寒色系は見た目の寒々しさだけではなく、実際に体感温度が下がりやすいと言われます。使うとしたら、夏の間だけにしましょう。

ちなみに、白は寒色でも暖色でもありません。清潔感があるため、寝具に使う色として好まれますが——じつは、風水的には白は憂いや悲しみ、緊張感の色ともいわれます。そのため、寝具を真っ白で統一するのはあまりおすすめしません。

また、寝具はこまめに替え、清潔を保つこと。なぜなら、人は皮膚から多くの情報を得ているからです。寝具はまさしく、直接皮膚に触れるものですから、ジメジメとした汚れたシーツでは、強烈にネガティブな情報を自らに与えてしまうことに。

清潔で氣持ちの良い寝具で眠ることで、睡眠の質と一緒に、運氣の流れも良くなります。

【寝室を整えるポイント２】木質感のある家具でまとめる

ベッドやサイドボードは、温かみのある木製品を選びましょう。

パイプベッドなど、冷たい鉄製やアルミ製は、見た目の寒々しさに加えて、静電氣を帯びやすくなります。静電氣を帯びているものや冷えやすい素材に身を置くと疲れがとれにくくなるので、好ましくありません。

現在パイプベッドを使っているという方は、静電氣を帯びやすい化学繊維製のシーツやパジャマは避け、コットンなどの自然素材に替えることで、バランスがとれるようになります。

【寝室を整えるポイント３】ベッドの高さは床から40㎝まで

ベッドの高さは高過ぎず低過ぎず、床から40㎝程度のローベッドがおすすめ。

就寝中、ホコリは床から約30㎝の高さで浮遊するといわれているので、ベッドが低すぎるとホコリを吸いつづけることになってしまいます。

ホコリは万病のもとで、氣管支系のトラブルにつながりかねません。ベッドの高さを改善することで体調が好転し、目覚めの爽快感が上がった、という例も多々あります。

逆に、ベッドがあまりにも高過ぎると、万一落下したときに危険です。また落下しないように無意識のうちに氣をつけるので、そのぶん神経を使うことになり、熟睡しづらくなります。

【寝室を整えるポイント４】布団を直接フローリングに敷かない

フローリングの上に直接布団を敷くと、前のくだりでお話ししたようにホコリを吸いやすくなる上、冷たくてかたい床材に体温を奪われ、体が冷えやすくなってしまいます。すると眠りも浅くなり、睡眠の質も低下することに。

また、就寝中に床のかたさが体に伝わって緊張感が増すため、芯からリラックスしにくいのもデメリットです。可能であれば布団の下に厚めのマットレスを敷き、寝ている高さを少しでも高くするのがおすすめです。

マットレスが敷けない場合は、布団の下にカーペットを敷きましょう。ホコリは一時的にカーペットに吸着されて、空中に舞わなくなります。吸着されたものをこまめに掃除機で吸い取る必要はありますが、空中を舞うホコリを減らすことで、体への害も減らすことにつながります。

【寝室を整えるポイント5】就寝中の頭は壁から離さない&窓を避ける

安眠するためには、寝ているときの頭の位置も非常に重要です。

「眠れない」という人でいちばん多いのが、寝ているときの頭が壁から離れているケース。壁から離れると、頭のそばに風の抜け道ができます。風の抜け道は、氣の抜け道となり、寝ているあいだ中、頭が風の流れに当たりつづけることになります。起きて活動している時ならいいのですが、静かに休みたい就寝中に風の流れに当たりつづけると、しっかり頭を休めることができなくなります。眠りが浅い、目覚めたあとにも疲れがとれていないといった人は、就寝中の頭の位置を再確認してみてください。

ちなみに、ヘッドボードがついているタイプのベッドなら、壁から離れていてもそれほど問題ありません。

窓のそばも、外氣の氣温の変化から風が発生しやすく、睡眠の妨げになるので、できれば避けてください。難しい場合は、頭の位置だけでも窓から離れるように配慮しましょう。

同じように、寝室のドアの直線上は風の流れが活発なポイントとなるため、ベッドや就寝中の頭があると、風水では「殺氣」＝「不眠の相」となり、安眠を遠ざけることになるので避けてください。

【寝室を整えるポイント6】寝室に鏡はNG

玄関の項でお伝えしたように、鏡は氣を活性化するのに最適のアイテム。つまり、沈静化したい寝室には不向きとなります。

多くの人が経験していると思いますが——夜、鏡に映った自分の姿がふと目に入り、一瞬ビクッとしたことはないですか？　このとき、「驚」という不快な影響力をもつ、殺氣が発生しているのです。これでは心が休まりません。

鏡の位置を動かせない場合は、寝るときだけ布やタオルをかぶせるようにしましょう。掛ける布やタオルは柄のない無地がおすすめです。

わたしはホテルに泊まったとき、ベッドが映る位置に鏡がある場合は、その鏡を外すか、動かせないときはタオルをかぶせてから休むようにしています。

【寝室を整えるポイント7】天井が高いか勾配（こうばい）がある場合は布を使ってフラットに

天井の造りも、実は安眠と相関関係があります。

皆さんも感じとれると思いますが、天井が高い所にいくと、非常に開放的な氣分になり、逆に低い所に身を置くと、抑えつけられているような圧迫を感じますよね。

リビングなど、活氣が欲しい所の天井が高いぶんには開放感を味わえて氣持ち良いものですが、沈静化したい寝室の天井の場合、あまりにも高過ぎると寝つきが悪くなるという弊害があります。

また、斜めになっている勾配天井の下や、つり下げ照明や梁の下など、角度や凹凸がある所も氣が活性化する場所となるため、安眠するには不向きとなります。できるだけこれらの下からベッドの位置をずらすか、難しい場合は就寝中の頭の位置だけでもずらすように配慮しましょう。

勾配天井の場合はベッドに天蓋をつけるか、布を使って天井をフラットに見せたりすると、非常に落ち着いた雰囲氣がつくれるのでおすすめです。

その他、寝室については次のような細かなアドバイスがありますので、まとめてお伝えしておきます。

- 衣類を掛けっ放しにしない。寝ることに関係ないものは片づける。
- 大きな観葉植物は置かない。植物は夜に酸素を吸って二酸化炭素を出すと言われるため、寝室に置くと就寝中に呼吸がやや苦しくなる可能性があるため。どうしても置きたい場合は、葉が大ぶりなものは避け、小さな鉢ものぐらいにとどめる。
- 枕元にテレビやオーディオなどの電化製品を置かない。
- 弱い明かりでもまぶたごしに人は反応して熟睡しにくくなるので、常夜灯などをつけたまま寝ない。寝るときは原則真っ暗に。
- ペットと一緒に寝ると、毛やホコリ、微生物などを吸ってしまったり、無意識のうちに寝返りを打たないように氣を遣うため、疲れが抜けにくくなるので避ける。
- 一日一回は寝室の空氣の入れ替えをする。ベストタイミングは朝7～9時のドラゴンタイム。

健康と平常心を支える「トイレ」の整え方

体にとって重要な、排泄をおこなうトイレは健康のバロメーターとなる場所。排泄に関わる腎臓や膀胱など、泌尿器との関わりが深い場でもあります。

また、陰陽五行でいうと、膀胱と腎臓は「水」を意味し、「恐怖心」との関わりが深いと見ます。そのため「トイレが暗くて怖い」「トイレが落ち着かない」となると、臆病になったり落ち着かない性格になったりしがちに。逆に、ポイントを押さえて整えることで、いつも変わらない平常心を養うことにつながります。

トイレを整える大前提は、丁寧に掃除をして、常に清潔で氣持ち良く使える状態を保つのが基本です。また、排泄がスムーズにおこなえるように、神経が休まる空間づくりをすることも大切なポイントになります。

ところで、トイレを毎日掃除すると運が上がる、とくに金運が上がる、という話をよく聞きます。毎日頻繁に使う所ですから、他の空間を掃除するとき以上に感謝の氣持ちをもって掃除すると、より良いと思います。

逆に「是が非でも金運を上げたいから毎日欠かさず絶対に掃除する！」というのは考えものです。トイレ掃除が「しなければいけないこと」になった時点で、いいエネルギーを殺す「殺氣」が生じるので、良かれと思ったことが逆効果になってしまいます。もし、うっかり掃除するのを忘れたら、できなかったことを一日中氣に病んでストレスになりそうですよね。また、これといった効果を実感できない場合「毎日ノルマにして掃除をしているのに、どうして運が上がらないのよ！」といった文句も出かねません。

それらによって生じるのは、やはり殺氣ですから、本末転倒になりかねないので要注意です。

どんな行動も妄信的になるのではなく、「なんかいい方向に進んでいるかも！」というポジティブさを感じながら、その行動を楽しむことが大切です。

では、トイレを整える風水を具体的にご紹介していきましょう。

【トイレを整えるポイント1】好きな絵や花を飾る

トイレには、ぜひ好きな絵や花を飾ってください。好きなものを目にすると、リラックスした状態を促す「副交感神経」が働くため、体が自然と排泄モードに整います。

花はやはり生花がおすすめですが、きちんと管理する自信がなければ、造花でもかまいません。絵か花のどちらか1つでも、両方置いてもOKです。

逆に、トイレに置いてほしくないのは、カレンダーと時計です。時間に追われる感覚が芽生え、心身が緊張状態になる「交感神経」が働いてしまい、体が排泄しにくいモードになってしまうためです。

ちなみに、時計とカレンダーは、トイレ以外にも過剰に置かない方がベターです。カレンダーを全室の壁に貼っているお宅もあると思いますが……無意識のうちに時間に追われる感覚が身についていて、自宅にいても落ち着けなくなってしまうからです。

できればスケジュールは手帳やスマートフォンで管理し、カレンダーは最小限にすると、自宅がぐんと落ち着ける空間に変わりますよ。

【トイレを整えるポイント２】トイレットペーパーのストック、掃除道具はしまう

掃除用の洗剤やシート、ストックしているトイレットペーパーなどは、出しっ放しにしないのが基本。目に見えない所に片づけましょう。きれいに積み上げていても、ＮＧです。出していていいのは、トイレを磨くブラシのみ。あとのものは、きちんとしまって目につかないようにしましょう。

目の前にゴチャゴチャとした洗剤や掃除道具があると、不要情報となって神経や感情にさわり、排泄モードに体を切り替えることの妨げになります。

人間関係と共鳴する「収納」の整え方

風水では、クローゼットや押し入れ、物置などの収納スペースは、人間関係運と共鳴すると考えます。

基本的に収納は、オープンなスペースではなく、戸や扉で閉じられた人目につかない所。その人目につかない部分をどう扱うのか？　という点に、その人の本心や、人から見えない所における価値観が表れます。

たとえば、リビングなどのオープンなスペースはきれいにしていても、収納スペースがゴチャゴチャしているのは、人目につかない所は氣にしない、というパーソナリティの表れ。人に対しても同じように、表面的にはいい顔をして、裏で陰口を言うなど、建前（たてまえ）と本音のギャップが激しいタイプである可能性が高いというわけです。

人間関係において大切なのは、誰も見ていないときでも誠実に振る舞えるかどうかに尽きると、わたしは考えています。

最近、会社の人たちとうまくいっていない、恋人の態度が冷たい、親友との仲がこじれ気味——という人は、ぜひクローゼットや押し入れ、物置を見直してみることをおすすめします。

人目につかない部分をないがしろにしていることで、あなたの適当さが知らず知らずのうちに相手に伝わり、周囲の人の心を遠ざけているのかもしれません。

【収納を整えるポイント】中身の分からない段ボールは「不要なもの」

収納スペースに入っているものを一度全て外に出し、必要か不要かを分別しましょう。そのときに、何が入っているのか自分で分からない段ボールを見つけたら、中身を見る前に、中のものは全て「不要なもの」と判別してください。

もちろん、中身を把握しているものならば、その必要はありません。

そうではなく、ただとっておいただけの「何か」であるなら、今のあなたにとって価値はないので、「不要なもの」なのです。とっておいたときには、あなたに価値はあったかもしれませんが、中身が分からなくなった今となっては、不要なものでしかありません。

不要なものを全て捨てることができたとき、初めて執着から自由になり、身軽になって、前進する力が増していきます。今悩んでいる人間関係もポジティブに捉えることができるようになって、解決の糸口が見えてくるでしょう。

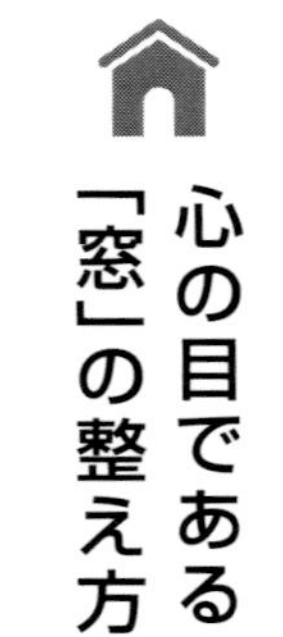

心の目である「窓」の整え方

「わたし、これからどうしたらいいか分からないんです」

「自分が進むべき道が見えなくて……」

そういった悩みを抱えている方には、窓の拭き掃除をおすすめします。

窓は目と共鳴関係にあります。そのため、窓が汚れている状態は、目が曇っている状態、または濁（にご）った目をしている、ということ。

物事を見極める力や、今後の自分の方向性を見いだす力も落ちるので、窓の拭き掃除を習慣にして、クリアな状態を保つように心掛けてください。そうすると、正しいものの見方ができる力である、「心の視力」がアップします。

判断に迷ったとき、自分の未来が不安になったときにおこなえば、先を見通す力が増して正しい道を自信をもって選べるようになれます。

人間関係運を左右する「庭・バルコニー」の整え方

色とりどりの花やグリーンにあふれた庭やバルコニーを見ると、思わず「きれい！」と声が出てしまうものですよね。散歩中にそんな庭を見つけたときには、足を止めて、見入ってしまうこともあります。それほどに、草花で美しく整えられた庭には、人の心を引きつける魅力があるものです。

風水では収納と同じく、庭やバルコニーは人間関係運と相関すると考えます。きちんと手入れが行き届き、太陽に向かって咲く花や天に向かって伸びる樹木の姿は、その家に住む人だけでなく、友人や知人はもちろん、来客や通りすがりの人の心までも癒やし、整える力をもたらします。

逆に「家の中からは庭やバルコニーが見えないから手入れしなくてもいいや」と、ゴミやがらくたなどを庭に放置している家をときどき見かけますが……乱雑で殺風景な状態だと、見る者の心を殺伐とさせてしまい、人間関係の不和を招きやすくなってしまいます。

収納は人に対してもつ内なる心の現れでしたが、それに対して、庭やバルコニーは表向きにどう人と付き合うか、どんな顔を見せるのかが、そのまま伝わるポイントとなる場所なのです。

「なんか最近、人間関係がうまくいっていないかも……」という方は、庭やバルコニーを見直してみてください。風水コンサルタントとしての経験上、庭やバルコニーを心地よく整えることでいい変化が訪れる確率は、かなり高めです。

【庭・バルコニーを整えるポイント 1】落ち葉を放置せず、とげのある植物は避ける

落ち葉は掃いて捨て、咲き終わった花は放置せず、しぼんだ花がらを摘むなど、しっかりと手入れをしましょう。もちろん、がらくたの一時置き場にしないようにすることも忘れずに。

「植物の世話は苦手……」という人は、花壇よりも比較的手入れが楽な観葉植物の鉢植えをレイアウトするといいと思います。ちなみに、サボテンなどのとげがある植物は殺氣を生じるので、避けてください（観葉植物についてのくわしい解説は75ページ参照）。

【庭・バルコニーを整えるポイント 2】土地の氣を吸う家庭菜園はNG。プランター栽培に

庭の一角を耕して、家庭菜園を楽しんでいる方は多いと思いますが――風水的には、よほど土地が広くないかぎり、庭を畑として使用するのはおすすめできません。

なぜなら育てている野菜や果物に氣が吸い取られて、家の土地のエネルギーが枯れてしまうからです。

とくに狭い土地で畑を作ることは避けるのが無難。狭い土地ほど、エネルギーがすぐに枯れてしまうからです。ある程度土地に広さがある場合も、土地の氣が野菜や果物ばかりに行かないよう、小規模におこないましょう。

家庭菜園の場合にも、土地の氣抜けを防ぐ方法は2つあります。1つは、畑と庭の境界線を作ること。畑スペースをレンガやブロックなどで区切ることで、土地の氣抜けを防げます。

もう1つは、じか植えせずにプランター栽培にすること。鉢植えにすれば土地の氣を植物にとられることはありません。

とくに、実がなる野菜や果物は、大地の氣をたくさん吸うので、この2つの氣抜け防止策をおすすめします。観賞用の植物の場合も、実がなるタイプの植物はこの対策が必要です。

ちなみに、花は大地の氣をさほど吸い取らないので、じか植えしても心配ありません。

居室としても〝生きる〟「地下室」の整え方

基本的に、地下室は倉庫や物置に向いていますが、土地事情により、都心部では居室として地下室を活用しているお宅も多いですね。

「地下室は運氣が悪くなりますか？」という質問をよく受けますが、必ずしもそうとはかぎりません。防音効果があるので、楽器の練習をする空間として、また、暗くて静かという点から、ホームシアタールームとするのは可能です。

要するに、地下室も生かし方しだいということです。ここでは、居室としての地下室を生かすための整え方を紹介しましょう。

【地下室を整えるポイント】温かい質感でまとめて明るめの照明を設置する

居室としての居心地良さを生む方法は、リビングと同じです。1つは、床、壁、天井の質感と色を温かみのあるものにすること。地下室の場合、基礎はコンクリートになりますが、間違ってもコンクリート打ちっ放しのままにしないでください。窓もない冷たく、暗い殺氣に満ちた空間となってしまいます。温かみのある色や素材感がある壁紙や、木製の床で仕上げましょう。

家具の色は、オレンジや茶色などの落ち着いた暖色系を中心にまとめましょう。ベッドやテーブルなどの家具は、金属製のものは避けて木製のものを。ソファなら布張りのものがおすすめです。

また、地上階に比べて室温が低くなりやすいので、足元にじゅうたんやカーペットを敷いて冷え対策をしてください。冷たさは殺氣につながります。

子ども部屋として使用する場合は、太陽や海、山などの自然がモチーフになった絵を飾って、自然の風景とつながっている演出をすると、明るい氣分になります。壁に窓の絵を飾るのもいいアイデアです。また、窓からの日差しが期待できないぶん、照明は照度が高いものを選んでください。

風通しが期待できないために地下室はどうしても湿気がこもりやすく、カビが発生しやすくなるため、精度の高い空調や調湿機器を設置しましょう。

学力が上がる「子ども部屋」の整え方

最近は、「リビング学習」という言葉が生まれ、子どもがリビングやダイニングで勉強することが成績アップにつながるといわれていますね。

「家族がそばにいる」という安心感から、子どもが腰を落ち着けて勉強に集中しやすくなるからだといえます。たとえ、同じリビングで家事をしたり本を読んだりと、親が違うことをしていても、同じ空間にいるという一体感を親子で日々、体感できるメリットは大きいと思います。

「せっかく子ども部屋を用意したのに！」という親御さんも、安心してくださ い。もちろん子ども部屋という個室でも、子どもが安心して勉強に集中できる環境に整えることが可能です。

明るく素直に元氣に、そして成績も上がるように！　そんな子ども部屋に整えるポイントは、次のとおりです。

【子ども部屋を整えるポイント１】日当たりの良い場所が生活リズムを整える

子ども部屋は、できるかぎり日当たりの良い場所が理想的です。朝は太陽の光を浴びることで、自然のリズムに合った、規則正しい生活が送りやすくなります。

最近は、子どもの就寝時間がどんどん遅くなっている、という話もよく聞きますが、朝早くから太陽の光を浴びることで、自然と夜に眠氣を感じるよう、体がセットされます。

住宅事情から、どうしても北向きになったり、地下室など窓のない所に子ども部屋をつくる場合には、カーテンや壁の色を、お日さまを連想させる明るい黄色やオレンジにすればＯＫです。太陽が描かれた風景画を飾るのもいいですね。

【子ども部屋を整えるポイント２】親の部屋より広くしない

子ども部屋は、両親の部屋よりも広くしないのが、風水のセオリーです。広さはテリトリーとして体感されるものですから、子ども部屋の方が広くなると、親の言うことを聞かない傾向が強くなってしまうからです。

このとき、子どもの人数は勘案せずに、親の部屋の方を広くしてください。たとえば、子どもが３人いる家庭で、８畳と10畳の個室がある場合、より狭い８畳を子ども部屋にするのがおすすめです。

【子ども部屋を整えるポイント３】机と椅子はドアを背にしない位置にする

勉強する子どもに育てるためには、机の配置がとても大切になります。
人間をはじめとする動物は、防衛本能から、背後をとられるのを恐れるもの。そのため、ドアを背にする位置に机があると誰かがドアから入ってくる、という緊張感が常にまとわりつくため、落ち着いて机に向かうことができなくなります。勉強机はドアの直線上を外し、できればドアに対して体が横向きになるようにレイアウトするといいでしょう。

また、ベッドもドアの直線上を避けると、安眠につながります。

また、勉強机と椅子は、子どもの体の成長に合わせて高さを調整できるものがおすすめです。

風水鑑定でお邪魔するお宅で多いのが、お子さんの体形と椅子が合っていないケース。座面が高過ぎて足がぶらぶらしていたり、逆に低くて背が丸まっていたりすると、体にとっては無意識のうちにストレスとなるため、自然と机で勉強しなくなります。

ちなみに椅子の背もたれは背後の安心感へとつながるので、高くしっかりしたものがおすすめです。

ベッドは
ドアの
直線上を避けると
安眠できる
椅子の
背もたれは
高くてしっかり
したものに
机と椅子は
ドアを背に
しない場所に
子どもの成長に
合わせて
高さ調整できる机
とイスがベスト

第4章

感情を整える「職場」の片づけ

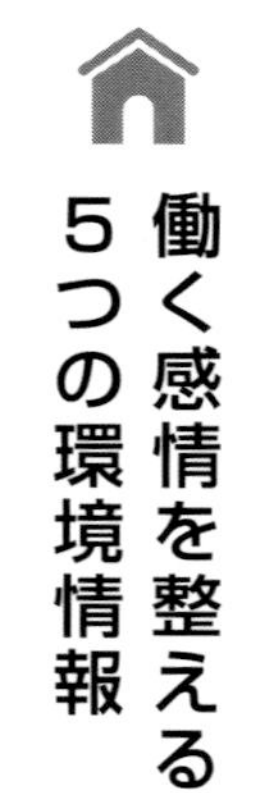

働く感情を整える5つの環境情報

本章では、自宅から離れて、オフィスの環境についてお話ししていきたいと思います。

オフィスは、フルタイム勤務の人にとっては、ときには自宅以上に長い時間を過ごす場所です。自宅と同等、もしくは自宅以上に、環境が思考や感情に影響しているともいえる重要な場所になります。

たとえ自宅の環境が整っていても、それ以上に長い時間を過ごすオフィスの環境が風水的に劣悪だったら――やはり、感情は乱れたままです。

ぜひ自宅と並行して、オフィスの片づけも実行してほしいと思います。

密教や風水では「建物は生命体」と捉えると、第3章でお伝えしました。その考えはオフィスでも同じです。職場という空間は仕事上のパートナー。掃除や片づけで場を整えることで、オフィスはそこにいる人の集中力や生産性に対して、強力にサポートしてくれる存在です。

自宅の整え方と同様に、空間全体もデスク周りも「3K（暗い・臭い・汚い）」状態を避け「3S（整理・整頓・清潔）」の状態に整えることが大前提です。その上で、仕事に集中できる職場にするために整えるべき条件としては、次の5つの環境情報があります。

1　視覚（目）　デスク上や書類棚など仕事に関連する情報が過剰ではなく、必要最小限であること。殺風景ではなく、くつろぎを連想させる絵や花、植物をバランスよく配置していること。

2　嗅覚（鼻）　生活臭や飲食物の臭い、カビやホコリなどの不快な臭いが基本的にないこと。

3　味覚（口）　仕事の合間に楽しめるお茶や軽いお菓子があること。

4　聴覚（耳）　雑音や騒音がないこと。無言でもなく、仕事に必要な会話やちょっとした雑談、ごく小さな音で歌のない音楽が流れているのは吉。

5　触覚（体感覚）　体に合ったサイズと高さの椅子やデスク。仕事において無駄のない動線など。

これらを掃除や片づけなどで整えることで、人は集中力を持ち、働く意欲ややる氣といった、働くのにふさわしい感情になることができるわけです。

掃除を率先して行う人は影響力が高まる

掃除や片づけは空間の「手入れ」です。密教や風水では、手を入れることは「氣を入れる」こととイコールと考えます。氣を新たに入れることで、「氣のマンネリ（殺氣）」を防ぐことにもつながり、オフィスに適度な活氣と生氣を生じさせて、仕事運を向上させます。

毎日3分でもいいので、掃除や片づけを日々のルーティン業務としましょう。

デスク周りだけでなく、「風」が入ってくる玄関、入り口、窓、そして「水」を扱う水回りの手入れもおこなってください。文字どおり「風水」が整えられ、仕事の運氣アップにより効果が表れます。

習慣化しやすいのは、始業時終業時です。始業時なら「今日もよろしくお願いします」、終業時なら「今日もありがとうございました」という、場に対する感謝の氣持ちをこめておこなうと、生氣が生じて、より良く整います。掃除や片づけの前後に合掌するのもいいでしょう。

ただし、神経質になるほど徹底してやり過ぎると、殺氣が生じるのでNGです。毎回範囲を決めて「今日はいちばん上の引き出しだけを片づけようか……」など、無理なく続けられるペースがいいでしょう。

同じように、掃除や片づけをイヤイヤやったり、義務だから仕方ないという、ネガティブな氣持ちでおこなうこともNGです。

その氣持ちが掃除を雑にして殺氣を生むため、せっかくの掃除が悪い氣を引き寄せることに。1人で掃除をするのが大変な場合は、生氣をもたらす「喜んでやってくれる人」に協力してもらうのがおすすめです。繰り返しますが、場に対する感謝の氣持ちを忘れずにおこないましょう。

会社の掃除は、可能な限りその会社の社員全員でおこなうことをおすすめします。みんなで掃除をすることで、社員の心が1つになる、という一体感を感じられるためです。

行動の質は、氣持ち1つで変わります。

そして、**上質な行動をとる人の存在感は自然と増すため、日ごろからの発言の影響力も大きくなっていくものです。**オフィスで意見が通るようになりたい、存在感を強くしたいと願うなら、まずは、身の回りだけでなく「共用スペース」の掃除や手入れを率先しておこなってみてください。

オフィスの環境を整える人は、その場で働く人の心を整える信用力も獲得するのです。

集中力が高まるデスクの整え方

どうも仕事に集中できない、氣が散りやすい、という人は、デスクの上を見回してみてください。並行して進めている複数の仕事の企画書や資料が乱雑に積み上がってはいませんか?

先ほどもお話ししたように、わたしたちは環境情報から——目にするもの、さわるもの、耳にするものなどから連想するイメージによって、意識を動かされ、行動が左右されます。 1つの仕事を進めているときに、違う情報が目に入ると、当然、少なからずそちらに氣がとられてしまいます。意識していなくても、無意識にそちらに氣持ちが向いてしまい、目の前の仕事に集中できなくなるわけです。

デスクの上は、書類や郵便物の山をつくらず、電話とパソコンだけに。その他の書類や文房具は全て収納できるように、配置を考えましょう。

作業中は、その仕事に関係のあるものだけを出すことを基本にすると、自然と集中力が高まりやすくなります。さらに、余計なものがないぶん、作業動線がスムーズになり、探し物も減って作業効率がぐんと上がります（13ページ参照）。

また、風水では適度な空間の余裕は、氣持ちの余裕とイコールと考えます。つまり、デスク上の作業スペースの余裕は、氣持ちの余裕ということ。「視野が狭いな」と感じたときは、デスクの上を片づけて「いつもよりも広い」と感じるスペースをつくってみると、思考やアイデアが広がるきっかけになります。

また、デスクの上をきれいな布で「清める」ことも日課にしましょう。ものを少なく整えていても、デスクの上は手垢などで意外と汚れているものです。デスクの上だけでなく、パソコンのキーボードやディスプレイ、電話の受話器もこまめに拭いて、清潔に保ってください。

デスク周りを丁寧な掃除で清めることで、心身のけがれも取り除かれます。

汚くなったら掃除するのではなく、「けがれる前に掃除する」という心掛けで毎日の掃除をおこなうといいですね。

仕事に関する悩みが多い人、疲れやすいという人も、デスク周りから仕事に関係のないものをなくして、余計な視覚情報を減らしてみてください。

視覚情報が過多になると、脳が混乱して本来の力を発揮できず、優先順位がつけられなくなります。逆にすっきりした空間では、有意義な発想が浮かびやすくなります。

また、氣に入っている絵や写真、置物でも、脳の中では雑音としてストレスになっているケースもあります。

一度全部片づけて、デスクの上をフラットな状態にしてみましょう。もし、それで氣持ちが晴れるようなら、それはやはり視覚的なストレス（殺氣）となっていたということです。

そのあとで、あらためて自分の氣持ちを確かめながら、ひとつひとつの絵や写真、置物をディスプレイし直してみるといいでしょう。

時間に追われて焦る氣持ちは○○が原因

時間に追われている感覚が強く、焦りやすい人は、身近に時計やカレンダーが複数、目に入る環境になっていないでしょうか。

時間を連想するものが多過ぎると、そわそわと落ち着かなくなってしまいます。一度それらの数を減らしてみましょう。

強いメッセージをもつ視覚情報が過剰になると、無意識に強力に働き掛けてくるため、ストレス（殺氣）となってしまいます。環境から過剰な視覚情報を減らすだけでも、空間の氣が安定するので、氣持ちも体調も落ち着きを取り戻せるようになります。

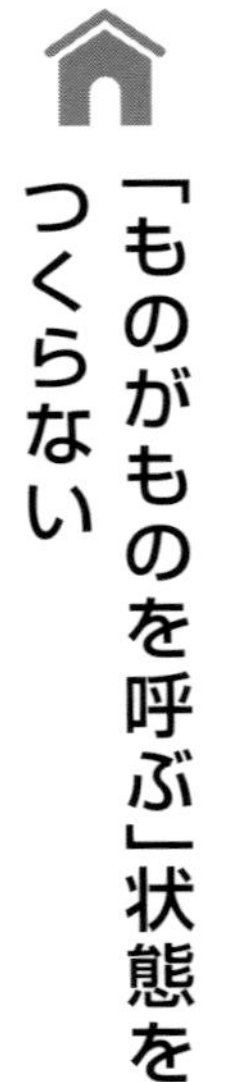

「ものがものを呼ぶ」状態をつくらない

大勢の人が集まるとどうしても情報が過多になりがちですが――オフィスでは「ものがものを呼ぶ」という力が働きやすくなります。

たとえば、最初は何も置かれていなかった棚に、誰かが本を1冊、粗雑に置いたとします。すると、そこは「ものを放置していい場所」という情報を発するようになり、まるで磁石に引き寄せられるように、次々とものが置かれるようになってしまうのです。結果、複数の人が粗雑にものを放置するために、無法地帯のゴチャゴチャとした場所になり、オフィスは殺氣が生じる物置環境となるわけです。

これを防ぐには、「見えるルール」が効果的です。「ものには住所をつくる」

ということがよくいわれますね。

「●●資料」「平成●～●年の企画書」など、「住所はココ！」とシールなどでものの種類別に住所表示をしてしまいましょう。決まったもの以外、自然と置けなくなります。ルールをつくることで「あるべき位置に、あるべきものを置く」という状態にスイッチを入れることができます。


または、場所ごとにものを管理、整頓するメンテナンス担当者を決めるのも有効な方法です。

管理者が不在の場所は、当たり前ですが責任者が不在ということです。そのため散らかっても、汚れても誰も困らない、誰にも指摘されない、という意識が働いて「散らかしてもいいか……」という甘えが生まれてしまうのです。

管理者がいるとわかれば、その人のために散らかさないでおこう、きれいに保っておこうという意識が働いて、職場にいる人みんなに、きれいな状態を保つ氣持ちが生まれやすくなります。

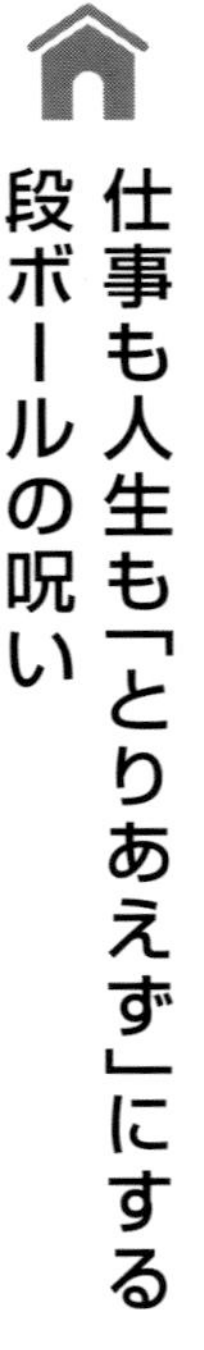

仕事も人生も「とりあえず」にする段ボールの呪い

オフィスをぐるっと見回したとき——段ボールが幾つ目に入りましたか？

「1つもない」なら理想的。幾つもあるなら要注意。頭の上まで積み上がっているなら、そこで働く人の思考や感情は常に乱れつづけている職場、ということになります（倉庫などは別ですよ。デスクワークのオフィスの場合です）。

段ボールが倉庫や棚などのバックヤードにきちんと収納された状態にあり、視界に入らないならば問題ありません。段ボールをそのまま足元に積み上げたり、オープンラックや棚の上に置かれた状態は避けてほしいのです。

「なんでダメなの？」と不思議に思われるかもしれませんが、第3章でお伝えした内容を思い出してください。心地良い空間のお手本は「リゾートホテル」です。リゾートホテルのロビーや部屋に段ボールがあるでしょうか。ひと箱そこに置くだけで、とても違和感を発すると思います。
なぜなら段ボールは本来、物品を運搬するためのもの。いっときの間に合わせの箱です。質も形も色もそこに書かれた文字のいっさいが「仮」のものだから こそ、そのまま人目につく所に放置すると、空間の質を損なうのです。

もっと言えば、段ボールは「仮ですよ～」とか「とりあえずね」という情報を発信しています。それなのに、そのまま長期間放置して常態化させると――本来すべきことをせずに「とりあえずこうしておこう」と、判断の先送りをしていることになるわけです。これは自宅でも同じことが言えますね。

宅急便で届いたものをすぐに開封せずに放置したり、異動や引っ越しから何カ月もたつのに足元に段ボールが置いたままになっていませんか?

その「とりあえず癖」は、片づけや整理整頓が苦手な人の特徴であると同時に、仕事のスケジュール管理やマネジメントが苦手な人の特徴でもあります。

ものを「とりあえず」扱うことは、行動も「とりあえず」になっているということ。

倉庫にストックするもの以外は、段ボールから中のものを取り出して、本なら本棚へ、ノートなら引き出しへなど、相応する棚や引き出しなどにしまいましょう。見える場所（表舞台）では、段ボールを収納ケース代わりに使わない、ということです。

また、段ボールの外側に書かれている「文字情報」も、常に見えている必要がない余分なもの。これも強烈な思考の雑音になります。

たかが段ボール、されど段ボール、なんですよ。

上質な人材は上質なオフィスに集まる

自宅と同様に、オフィスも人が集まる所に「人氣」が生じ、人氣が「財氣」につながります。**会社の発展を願うなら、職場もより良い人材が集まりやすいように、上質な空間づくりをしましょう**（この意味においても、段ボールがまる見えの状態は好ましくありませんね）。

そのためには、社員がオフィスを大事にする氣持ちをもつことが前提です。人は、自分がいる場を大事にするようになると、そこにいる自分以外の人たちも大事にするようになり、さらに多くの人を集めて「大事の輪」を広げていきたくなります。その結果、訪問者やお客様からの人氣も生まれるわけです。

業務内容的に来客がない部署でも、いつ人が来てもいいように、おもてなしの意識で場を整えましょう。人を迎える準備ができている場所に、良縁や人事円満の氣は生まれるからです。

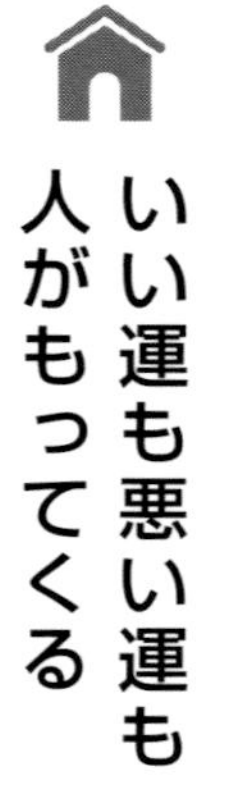

いい運も悪い運も人がもってくる

幸運も不運も、人が運んでくるものです。

感覚的に、この人は運が良さそう、あの人はなんか運が悪そう、といったことを感じたことがありませんか？　実際、幸運な人が幸運を運ぶから運が良さそうに見え、不運な人が不運を運ぶから運が悪そうに見えるのです。

つまり、オフィスにどんな人が出入りするかは、オフィスの運氣を左右することになります。同時に、人は場と共鳴するので、幸運なオフィスであれば社員も幸運に、不運なオフィスなら社員も不運になってしまいます。

幸運体質の人は、不運なオフィスで長く働くことはできないでしょう。逆もまたしかりです。

長続きする人とすぐ辞める人がいるのは、業務や待遇の内容だけではなく、場の良し悪しや相性によって振り分けられているのかもしれません。

運は空氣（風）や水の流れと同じで循環することが不可欠です。今のいい状態を維持しようとして循環を止めると、よどみます。よどんで生じるのは殺氣。人の流れ（人事）についても、適度な循環は必要となるわけです（トラブルによる過剰な出入りは避けたいものですが……）。

人事のよどみを防ぐには、さらにいい循環を呼び込む氣持ちで、場をより良く整えることが大切です。

雑談できないオフィスは殺氣が生まれる

ちなみに、静か過ぎるオフィスも殺氣が漂います。

雑談がしにくい雰囲氣で「私語厳禁！」というオフィスは、緊張感から殺氣が漂いやすくなります。

雑談しやすいオフィスの方が、生氣があふれて活氣づき、社員のやる氣も上がるものです。すると、逆にやる氣のない社員にも良い影響がもたらされていくのです。某航空会社など、雑談を推奨することで同僚だけでなく上下関係の風通しが良い環境づくりを成功させている企業もあります。雑談の中で、他の人の経験から氣づきや学びを得ることもあるでしょう。

こうした雑談が自然に生まれるような場――リフレッシュスペースなどをオフィスに設けるのも一案です。

視覚の栄養不足はアイデア不足に

上質なオフィスをめざす上で、余計な視覚情報を減らすことは欠かせませんが、空間全体が殺風景になるのは好ましくありません。

明るい色彩が少なくて、おしゃれさやデザイン性などの良い刺激に欠けると、「視覚の栄養不足」に陥ってしまうからです。これは第3章の家の整え方でもお話ししましたね。

視覚の栄養が不足した空間では、アイデア不足や柔軟性の欠如、思考の偏りが生じ、イメージ力や理解力、共感力が育（はぐく）まれにくくなってしまいます。

空間の良質な色彩やデザイン、素材感は、目から入る大切な栄養源です。それらは思考の行き詰まりを解除して、感情の乱れも整えてくれます。

実際に、わたしがオフィスの風水鑑定で最も多く見るケースは、色彩的刺激不足です。

多くのオフィスで使われるオフィス家具の色はグレーがメインで、そこで働く人たちが着ているスーツもグレーや紺。この色調では、どうしても空間全体が重くて緊張した雰囲氣になり、意見交換が弾まず、雑談もしにくくなってしまいます。

この場合の風水調整の基本は、全体を見わたして足りない色を追加していくことになりますが、効果的なのは暖色系や、やわらかい中間色です。

具体的に言うと、薄い黄色、薄いベージュ、薄いオレンジ、薄いブラウンなど。作業スペースで集中力を上げたい場合は、薄い青や緑などの寒色系を足すこともありますが、群青色（ぐんじょう）などの濃い青や紺ではなく、スカイブルーや水色など、薄めの青を使います。

オフィスの色は、そこで働く人たちに力を与えます。

たとえば、観葉植物の緑はリラックスを、木質の棚やテーブルのブラウンは安定性を与えます。

さらに、風景画の絵や写真で赤を入れればやる氣、ブラインドやカーテンを黄色系の色彩にすれば明るい希望を与えることもできます。

会社によっては、観葉植物の置き場所は入り口や休憩スペースにしている場合もありますが、デスクが並ぶ作業空間にもあった方が、忙しさやあわただしい空氣が和らいで、息苦しさを解消できると思います。

ただし枯れた状態のものはＮＧ。家に置く観葉植物と同じ理由で、サボテンなどのとげとげしいものや落葉樹は避けましょう。落葉樹は掃除が大変なだけでなく、葉が落ちると「氣も落ちる」ことになり、発展するイメージからかけ離れるためです。選ぶなら、枝が上に伸びて、葉っぱが大きめのものを。発展性をイメージしやすいことがポイントです。

オフィスに飾る絵や写真も、前向きなことを連想できるものがいいでしょう。わたしがおすすめするのは、風景画や花などの自然を連想できる絵や写真です。

とくに、なだらかに広がる丘の絵は、安定した氣をもたらします。職場全体

「殺氣」を生む職場

ものが多くて
ごちゃごちゃ
してる
壁にスローガン
が貼られている
完全全力!!
段ボールが
目につく場所
に置かれて
いる
人数に対して
スペースが狭い
インテリアに
色がない

「生氣」を生む職場

を見わたして、足りない色を絵や写真で足すといいと思います。

壁紙やカーテンなどを横じまの柄にすると安定性を、縦じまのストライプ柄にすると発展性をイメージしやすいでしょう。

ちなみに、**壁に社訓やスローガンを貼るのはおすすめしません。**

いくら大切なこととはいえ、ふぅーっとひと息ついてパソコンから目を離したときに、視界に入るのが社訓だとリラックスできませんよね。社訓やスローガンは教訓になり得ても、視覚の栄養にはなりにくいのです。

第5章

感情を整える10の習慣

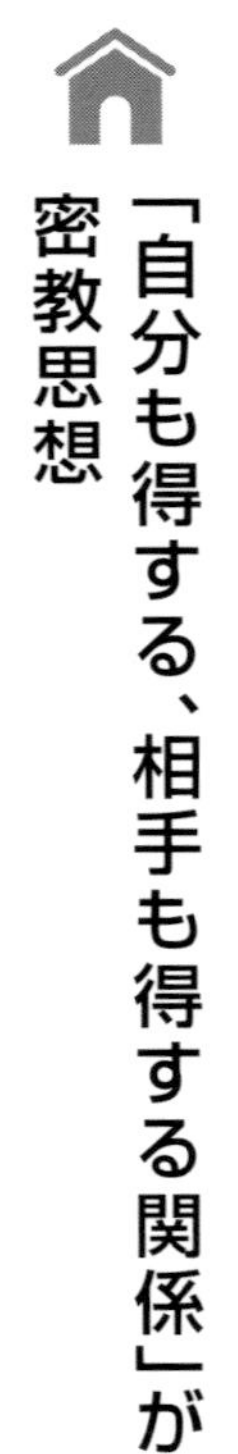

「自分も得する、相手も得する関係」が密教思想

第1章から第4章までは、密教や風水に基づく環境と感情の整え方について説明してきました。

感情は環境に影響されている。

そうお伝えしてきましたが、本章では、密教そのものの考え方で、より自分らしく生きる心のレイアウト法——「内なる環境と感情の整え方」について、お話ししたいと思います。

密教には「自他法界同利益（じたほうかいどうりやく）」という言葉があります。

法界＝この世の中は、自＝自分と他＝他人が互いに影響を及ぼし合うものだから、自分一人だけではなく、他の人々も大切にして利益を分かち合う世の中をめざしましょう、という意味です。

つまり、**自分とみんなが双方笑顔で、損をしないウィン・ウィンの関係をめざせば、プラスの氣をもたらす生氣が循環し、新たな幸せとなって返ってくるということ。**

そして、そのために大前提となるのが、「自分の本音を我慢しない」ということです。

自分のしたいことや望むものを我慢して、相手のことを優先するのは謙虚でいいイメージがあるかもしれませんが、そういう人は徐々に相手にも我慢を強いるようになります。

我慢をして生じるのは、マイナスの氣をもたらす殺氣です。自分も我慢しているのだから、相手も我慢して当然だと考えるわけですね。そして、我慢の限界を超えると、相手に与えるはずが、逆に相手から奪おうとしてしまいます。

そんな殺氣の循環に陥らないためには、自分のしたいことや望むものを我慢しないことが大前提になります。

これから順にお話ししていきますが、ストイックな印象のある密教には、意外にも「我慢をしなければならない」という教えはありません。「我慢をしたければする」という考えです。自分の感情も欲望も、相手の感情も欲望も、あるがままに受け入れる――「そういうものだよね」と一度肯定するのが密教的スタンスなのです。

では、具体的にどうすればいいの？　という答えが、次からご紹介する密教的な「感情を整える10の習慣」です。

第1章から第4章でお伝えしたのは、「外側の環境を整える」片づけ法。それに加えて、この「内なる環境」を整える習慣を実践することで、感情がさらに整えられてすっきりとしてくるでしょう。

外と内の環境、両方を整えることで、運を引き寄せる「超開運体質」になれるはずです！

第1の習慣

生まれた感情は全肯定する

人は、ネガティブな感情が自分の中で生まれたときにストレスを感じるものです。つらい、悲しい、嫌い、頭にきた……などなど、この負の感情が高じると、うつやパニック障害など精神的に病んだり、ときには胃に穴があくほど体に悪影響を与えたりします。

ところが、**人の感情については「いいも悪いもない」というのが密教的な解釈です。**

物事に対する「ただの反応」と捉えており、うれしい感情が良くて、悲しい感情が悪い、という捉え方もしていません。

悲しいのもつらいのも「ただの反応である」と捉え、否定せず、全て肯定的に受け入れること。

それが、感情を乱さないための密教的な第1の習慣です。

そうはいっても、「そんなこと無理!」という人がほとんどだと思いますが、まずは、この密教的な感情の捉え方をつかむために、さまざまなイメージから生まれる感情について、くわしくお話ししていきましょう。

先にもお伝えしているとおり、エネルギーにはプラスの感情をもたらす「生氣」と、マイナスの感情をもたらす「殺氣」の2種類があります。さまざまなイメージから生まれる感情にもその2つがあり、さらに、それらには「陰」と「陽」があります。

整理すると、次のようになります。

生氣の陽:ヤッター!という喜び、楽しみをもたらす氣
生氣の陰:リラックス、落ち着きをもたらす氣
殺氣の陽:怒り、いら立ちをもたらす氣

殺氣の陰：憂い・悲しみ、落ち込みをもたらす氣

生氣の陽と殺氣の陽は、自分の背中を押すアクセルの感情で、生氣の陰と殺氣の陰は興奮状態を沈静するブレーキの感情になります。

感情にはこうした質の違いは存在しますが、冒頭でもお話ししたとおり、良し悪しはありません。陽が良くて陰が悪いということはなく、また、殺氣の感情が悪いということもまったくありません。

感情は、うまくいったときには喜びや楽しみというサインを示し、うまくいかなかったときには怒りや悲しみというアラームを鳴らすもの。自分の内側の状態を知らせてくれるセンサー、反応でしかないわけです。

そうはいっても、想定外のことが起こるとその反応（感情）は大きく、強くなり、動揺が生じます。

毎日体験しているような出来事がいくら起きても、動揺することはありませ

んが、未体験のことや、予想外のサプライズに対しては、人は動揺するものです。その動揺が「感情」という反応を引き出すわけです。

つまり問題は、起きた出来事に対する反応（感情）そのものにあるわけではなく、その前の段階——動揺を受け入れられない自分にあるわけです。

そもそも動揺する原因は、あなたの固定観念が「あり得ない！」と判断するせいです。

もしこの「あり得ない！」を「ま、これもアリだよね」に変えることができると、動揺することが少なくなって、感情の乱れが起こりにくくなります。最終的には、あらゆることを受け止められるようになることを「器が大きい」というのです。

密教がめざすのは、この「なんでもアリだよね」の境地です。

最初はうまくいかないものですが、これは訓練して繰り返すことで、心の中で仕組みとしてプログラムされるようになります。

たとえば、想定外の出来事が起きて動揺し、感情が揺さぶられて怒りなどネガティブな氣持ちが湧き上がったとき。その感情の「正当性」をまずは受け入れるのがコツです。

「怒りが湧くのは当たり前だよね、わたしって健全！」といった具合に、感情を否定せず、肯定してあげることが大切です。感情を無理やり抑えつけると、「不成仏感情」（ふじょうぶつ）となって心の中で山積みになり、ストレスとなってしまいます。一度、浮かび上がった感情は無条件に認めることで、成仏させることができるのです。

その上で、「こんなこともあるよね」と受け入れることを意識的におこなうトレーニングをしてみてください。これを繰り返していると、徐々に我慢しなくてもネガティブな感情自体が湧いてこなくなります。これを、密教では「行法・修行」としておこなっているわけです。

少しずつ自分の中の「器」が広がって、どんな感情も肯定できる自分に改造することができるようになりますよ。

第2の習慣

欲望はあって当たり前。「もっていい状態」にする

「隣の芝生は青い」という言葉があるとおり、人をうらやんだり、ねたましく思ったりする氣持ちは誰もがもっています。また、金銭欲や物欲や食欲、性欲などに振り回されて、自分をコントロールできずに失敗することもよくあることですね。

そのたびに「こんなふうに欲する自分はなんてダメなんだろう」と自分を責めてしまったり。これもまた、人生の大きな悩み、迷いにもなり、感情を乱される大きな原因となっています。

ここでは、「あれがしたい」「これがしたい」「何もかも欲しい！」と欲に振り回されず、苦しまないために、密教的な欲との付き合い方をお話ししましょう。

まず、密教的な「欲」の定義についてご説明したいと思います。密教では、欲望と煩悩は同義語と考えられており、人は生まれながらに6つの煩悩をもっていると考えます。それを「六大煩悩」といい、次の6つがあります。

1　貪（とん）：欲張ること
2　瞋（じん）：怒ること
3　痴（ち）：無知なこと
4　慢（まん）：慢心、おごりたかぶること
5　疑（ぎ）：疑うこと
6　悪見（あっけん）：なんでも悪く見ること

この六大煩悩があるために、人は他人の経歴や持ち物をうらやんだり、見下したり、疑いや悪意のまなざしを向けるなど、煩い悩ましく思います。

その状態から解放される方法はただ1つ、**自分の中にある六大煩悩を否定せ**

ずに、あるがまま受け入れることです。欲望、執着は「あって当たり前！」なのです。第1の習慣である「感情は全肯定」とまったく同じですね（笑）。

あれもこれも欲しいと欲張っていい。
氣にくわないことがあったら怒っていい。　※怒りをぶつけるかどうかは別の話
無知でいい。
慢心して油断してもいい。
人を疑ってもいい。
あらゆることを悪く見てもいい。

人の心は揺れ動くものですから、どんな心模様も否定せずに、「ま、そういうものだよね」と受け止めてください。

欲望は消そうとせず、戦おうとせず、まずは受け入れたあと、六大煩悩それぞれに対して次のように対極にある考え方や行動を当てはめることで「均衡・調和」させるのが、密教的なアプローチです。

1　貪（とん）：欲張ること↓
【対極の考え方】　足るを知る、満足する心とは何かを探究する
【対極の行動】　ものを与える、お供えや寄付をする

2　瞋（じん）：怒ること↓
【対極の考え方】　許すこと、慈悲とは何かを探究する
【対極の行動】　自然の中で意識的に不便に耐える、山に登って礼拝する

3　痴（ち）：無知なこと、理解しないこと↓
【対極の考え方】　学ぶ姿勢、知恵とは何かを探究する
【対極の行動】　知らない分野について一から学ぶ、

人の話をよく聞く

4　慢（まん）：慢心、おごりたかぶること↓

【対極の考え方】謙虚さとは何かを探究する
【対極の行動】人知れずの善行を積む、前の人についていく、頭を一心に下げる

5　疑（ぎ）：疑うこと↓

【対極の考え方】信頼とは何かを探究する
【対極の行動】重要事項を誰かにまかせる、過去の謝罪をし許される体験を重ねる

6　悪見（あっけん）：なんでも悪く見ること↓

【対極の考え方】良い見方とは何かを探究する
【対極の行動】良し悪しを自身で確かめる、本人のいない所でその人をほめる、

すばらしいと感じるものを紹介する

煩悩は異物として排除しようとするのではなく、存在を認めて先に挙げたような考え方と行動をおこなうことでマイナスの影響が出にくくなります。煩悩を「もっていてもいい状態」になるわけです。

すると、自分の経済力以上のものを買ってカード破産したり、お金欲しさに犯罪に手を染めたり……といった「欲望の暴走」が自然となくなります。

すてきな宝石を見て「あ、欲しいな。身に着けたらきっとすてきだろうな」と思ったり、「ハワイに行ったらきっと楽しいだろうな。よし、1年後に行けるように頑張って働こう！」と、欲望が生氣となって、楽しいイメージや未来の決断につながるようになります。

欲望の数だけ楽しいイメージがもてる――これが、密教でいう「欲望をもっていていい状態」。こうなると、手にしたいものが2つある場合は「どっちか」ではなく「どっちも」、3つ以上ある場合は「全部」もっていていいと思えるようになれるのです。

わたしたちは、家庭や学校、社会のあらゆるシーンにおいて、欲しいものは1つに絞るように親や先生に教わってきたと思います。でも、それは禁欲を重んじる、一般的な倫理に即した選択法です。

「リンゴとバナナ、どっちを食べたいですか?」と聞かれて、どちらか一方を答えるのが一般的ですが、どっちも食べたいなら「両方食べたい」と答えてもよい、と考えるのが密教です(両方手に入るかどうかは別の話です)。

わたしはAランチとBランチがあって、どちらもおいしそうだなと思ったら「両方を半分ずついただくことはできますか?」と最初に尋ねます(笑)。それが密教的な選択肢です。

両方おいしそうだと思ったら、1つを選ぶのは難しい――それならば、両方選ぶのが素直で自然です。実際に両方ください と言ってダメだと言われたときに、初めてどちらかを選べばいいのです。

ちなみに、**欲望はもっていてもよいのですが、「満たそうとしてもけっして**

満たせないもの」、そして「あとからあとから途切れることなくやってくるもの」ということを覚えておいてくださいね。

たとえば「あの宝石が欲しい」という物欲を満たすために大金を払って買ったところで、満足できるのはいっとき。得られるのは入手したときの瞬間的な快楽です。もちろん愛用する楽しみの期間もありますが、その後はもっているのが徐々に当たり前となって、やがて飽きてしまうのです。そして、またすぐに他の宝石に氣持ちが向いて——を延々と繰り返すことになるわけです。

ちなみに、先ほどお話ししたAランチとBランチ、両方頼んだわたしの欲望も、満たされたと感じたのは、おなかがいっぱいになったときだけです(笑)。おなかがすけば、またすぐに「他のものを食べたい」欲望がやってきますからね。

欲望は満たすものではありません。

1　「あって当たり前」「もちつづけていいもの」と受け止める。

2　対極の考え方と行動で調和して、「もっていていい状態」にする。

これが、苦しくならない密教的な欲望との向き合い方です。

第3の習慣

失敗は「得した！」と受け止める

一度失敗したことから心が折れ、そこからなかなか回復できない。

失敗が怖くて身動きがとれない。

人間関係の中でも、仕事の上でも、そうしたケースに陥ることは多いものです。いくつかある選択肢からどれか1つを選ぶとき、人は失敗を恐れる氣持ちから、いちばん安全なリスクの少ない選択をするものです。好んで失敗しそうなことを選ぶ人はいませんね。

しかし、その基準で全てを選ぶ生き方をしていると、しだいに失敗を過剰に恐れるようになってしまいます。すると、さらにリスクがあるものをどんどん遠ざけ、望まない結果に嘆きたくない一心から、失敗する勇氣はおろか、どれか1つを選択する原動力さえなくしてしまいます。

失敗は〝失い、敗れる〟ということなので、なるべくなら「味わいたくない」経験です。「予想どおり、予定どおりできなかった」「思ったとおりできなかった」という結果から苦しい感情を味わうと、「何をやっても失敗するからもう何もやりたくない」と身動きがとれないパターンに陥ってしまうわけです。

密教が教えるのは、この真逆です。

「失敗は、どんどんした方が成功に近づける」という考え方なのです。

ここまで読んでくださった皆さんにはすっかりおなじみだと思いますが——全肯定です（笑）。感情や欲望と同じように「失敗もまた良し！」と受け入れるのが密教です。密教において、失敗は失い、敗れることではなく、たんに「思いどおりではないこと」です。そして、「思いどおりではないこと」を体験するのはすばらしい！と考えます。

成功とは「大きな前進」。

失敗とは「小さな前進」。

「失敗しないために何もしない」とは真逆で、密教的スタンスは、常に一歩前へ！　なのです。

この密教的スタンスを身につけると、失敗は成功するために必要な「経験」となり、意識が激変します。

上手に自分をマネジメントできる人、世間一般でいういわゆる「成功者」は、このスタンスが身についている人が多いですね。

真剣にあることに取り組んで、最初にうまくいかなかったとき、成功者たちはそれを失敗とは捉えません。1つの「経験」と呼びます。何度も繰り返し取り組み、あきらめざるを得ないところまできて、初めて「失敗」と捉えるのです。

世界的なプロゴルファーも、カリスマ料理人も、数えきれないほどのトライ&エラーを繰り返し、その経験の積み重ねで「成功者」になっているという真実に氣づいていない人はとても多いもの。きらびやかな成功だけが取り上げられるから無理もありませんが……。そのため、「うまくいっていること」「うまくいくこと」だけに価値を感じ過ぎて「うまくいかないこと」に過剰な恐れをもってしまうわけです。

たとえ想定外の結果だとしても「この方法だとうまくいかないんだな」という、成功に一歩近づく経験を得ているのは間違いありません。

損するどころか、得しています。

にもかかわらず、失敗の経験を無価値化して、恐れから身動きがとれなくなってしまうから、成功がどんどん遠のいてしまうのです。

とはいえ、「失敗してもいいや！」となんの準備もせずに初めてのことに取りかかっていい、というわけではありませんよ（笑）。

分からないなりに想像力を働かせて、事前準備と対策はしておくこと。

その上で、「経験」と「失敗」から学ぶぞ！という姿勢を身につけることで、出来事や結果に感情が翻弄（ほんろう）されない、開運体質となっていきます。

密教的思考法では、「失敗に勝（まさ）る師匠なし！」なのです。

第4の習慣

「今現在」を最上にする

「今、わたしが我慢すればいいんだ」
「将来のために、今はあきらめよう」

そんな言葉をよく聞きますね。

パッと聞いた感じだと、献身的で謙虚ないいセリフのように思えますが——
じつは、密教的にはおすすめできない思考パターンです。
これまでにもお話ししてきたように、密教は感情も欲望も全肯定を良しとする上に「今現在が満たされている」こと（現世利益（げんせりやく））を重要視するからです。

密教的スタンスでは何よりも「今」が大事です。

時間軸には「過去」「今」「未来」の3つがありますが、「今」の自分に○（マル）がつけられれば、延長線上にある「未来」の自分にも希望がもてるようになって、○がつけられます。さらに「過去」の自分がしたどんな失敗にも「今となっては、あの経験があったから今の成功があるんだな」と前向きに捉えられて、○をつけることができますね。

今を肯定できると、自分の中にプラスのエネルギーである生氣が芽生えるため、どんな過去もポジティブな解釈ができるようになれるのです。

逆に「今の自分はダメ（×）。自分は理想の自分になれていない」と、今を否定していると、マイナスのエネルギーである殺氣が芽生え、「未来もきっとダメだ（×）」となり、過去も「あれをしたから今ダメなんだ……（×）」と否定してしまいます。

今をどう捉えるかで、未来と過去が変わるということここまでのお話で氣づいた人もいるかもしれませんが――つまりは過去と未来はイメージでしかないのです。今、目の前に実在するものではありません。

時間は「現在」、つまり「今だけが実在する」というのが時間の捉え方です。

「過去」は記憶に対する「現在の解釈」、つまり思い込みです。

「未来」も実在していないイメージでしかありませんが、「今」を変える「原因」をつくり出すことができます。

たとえば「来週に恋人とレストランでおいしい食事をしよう」と、明確な未来を決断すると、その結果「スゴイ楽しみ！」と「今」に変化が訪れるわけです。

このとき、時間の流れは次のようになっています。

「未来」→「今」

楽しい未来を創造すると、今を「宝」にすることができます。

「今」→「過去」

今を宝にできると、過去のつらい出来事にも○をつけやすくなり、「今のうれしい状況は、過去の恋人との離別があったからだ」などと思い直すことができます。

「ワクワクする感情」は生氣を生み、今を最上にするパワーとなります。今をワクワクでいっぱいにするために、未来への楽しみを描く必要があるのです。すると、今を幸福な感情で満たしつづけることができるようになります。

「自力」を減らして「他力」を増やす

自分の思いどおりに物事が進まない。

何度やっても失敗する。

仕事でもプライベートでもそんな状態に行き詰まって、身動きがとれない状況に陥っている――そうなりやすい人には、ある共通点があります。

全てを「自分1人で背負い込んでいる」のです。

仕事で、ある案件を最初から最後まで1人で完璧にこなそうとしている人や、育児も家事も全てをうまくやろうとしているワンオペ育児中の人などですね。こめかみに青筋を立てて、寝る時間も削って、懸命に力一杯頑張ってるのに、「思いどおりにいかない！」と――それはそうです。

世の中は自分の力である「自力」と、人の力である「他力」の組み合わせでできています。だから、**自分＝1に対して、その他大勢＝無数ですから、自分1人の「思い込みどおり」にいくわけがないのです。**

まずはそのことをサクッと受け入れましょう。この受け入れられる広さのことを「器」といいます。第1の習慣「生まれた感情は全肯定する」で出てきた、出来事を受け止める広さである「器」と同じですね。

「うまくいかないな～」「自分1人じゃ無理そう……」と感じたら、あっさりと他力（得意な人の力）を借りる！　これが早期解決につながります。

しかし、多くの人は家庭や学校で「他力本願で生きるのは良くない」と教えられてきたと思います。「自分の力で道を切り開け！」とか……。

残念ながら、自力だけでなんとかしようとすると、小さい成果しか得られないのです。

「100％自力」より、「99％の自力＋1％の他力」では、1％の他力が加わった結果の方が圧倒的に勝ります。なぜなら、他力は自力では想定し得ないより良いタイミングや人脈をもたらしてくれるからです。自力の量を減らすほど、思う以上の結果を得やすくなります。

ちなみに、**他力を借りるときは、罪悪感なく借りることがポイントです。**他力は「すみません」と頭を下げて借りるものではありません。罪悪感はマイナスエネルギーの殺氣となるからです。すると、せっかく借りた力もマイナスの力を帯びてしまいます。「力を貸してくれてありがとう！」と心から感謝をしながら明るく力を借りてください。すると、その力は生氣を含んで良い運を引き寄せてくれます。

きっと、この本を手にしている方は、他力を上手に借りられる方々ばかりではないでしょうか。なぜなら、風水を生活に取り入れようとすること自体、他力を借りているのですから。

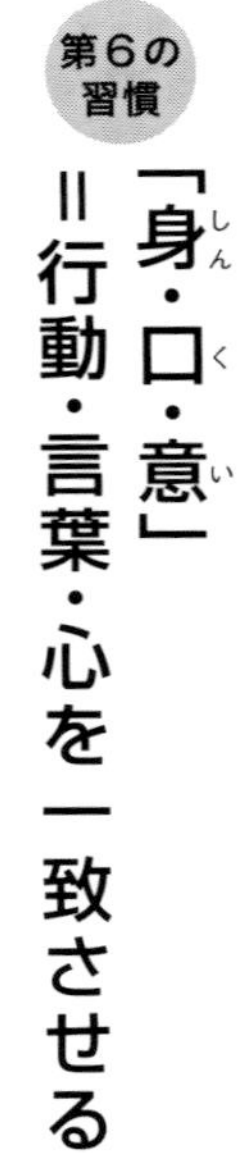

第6の習慣 「身（しん）・口（く）・意（い）」＝行動・言葉・心を一致させる

自分の思ったとおりの結果が出ない。
願うことがいつもかなわない。

この状況を「不運」といい、不運には「不機嫌」や「氣分が悪い」などのマイナスの感情がセットでついてきます。不運な目にあって、ゴキゲンになっちゃった！　という人はいませんよね（笑）。

だからこそ、できるかぎり不運は遠ざけたいのですが、とはいっても、天氣や他人をコントロールできないように、人生における出来事について人は何1つコントロールできません。

しかし、たった3つだけ、わたしたちが自由自在にコントロールできる、コマンドできる、選択できるものがあります。

それが、次に説明する、自分自身の今現在における「身・口・意」です。

身：やっていること、行動
口：言っていること、言葉
意：思っていること、意識の焦点

弘法(こうぼう)大師空海は、全ての願いが成就するのはこの「身・口・意」が一致したとき、と言っています。

それなのに、人はやっていること、言っていること、思うことがバラバラになっていることがとても多いなあと感じます。

「結婚したい」と言っているのに一人で閉じこもったり、お金を貯めたいと言いながら散財していたり、痩せたいと言いながら間食を繰り返すなどなど……。

欲しいものを手に入れるには、身・口・意を一致させること、つまり、得たい結果（意）を明確にして、得たい結果に向いた言動（身・口）をすることが重要です。

言うまでもなく、得たい結果が不明確で、得たい結果に向いていない言動をしていたら、欲しいものは手に入りません。

「そのとおりにしているけど願いがかなわない！」という人は、自分が日ごろ、どんなことを口にしているか思い出してください。「こんなことしても無駄だよね」「これって難しそう」「こんなのでうまくいくのかな」などと口にしていませんか？

実は、**「身・口・意」のうち、最も手軽に不運にも幸運にもなれる道具が「口」なのです。**

意（意識の焦点）によって、身（行動）と口（発言）は方向づけられますが、自分の口（言葉）は自分に対する影響力が強いことを忘れてはいけません。

得たい結果に向かって動きだしても、「やっぱり難しそうだな」と頻繁に口にしていると、自分のやる氣にストップをかけ、ほんとうにやるのが難しい状況をつくってしまいます。自分の言葉は自身が最も近くで聞いているわけですから、強い影響を受けているわけです。

同じように、何も悪いことをしていないのに、「すみません」「ごめんなさい」という謝り癖がある人は、自分を「謝るのにふさわしい人」「周囲に迷惑をかけてばかりいる人」として自分自身を無意識的に扱ってしまっています。

その言葉は相手にも影響を及ぼし、実際には何もしていなくても「また何かしたのかな、この人……」というイメージを植え付けてしまうのです。

また、すぐに「無理」「できない」と言う人は、本心から言っているわけではなくても、自分で自分のやる氣をそいで、あきらめ癖をつけてしまうことに……。同じようにその言葉を聞いている人にも「この人はできない人だ」というイメージがつくため、大事なチャンスを逃してしまうことにもなりかねません。

自分の言葉は、自分をどこに向かわせるかを左右します。

謝り癖がある人は「すみません」とつい言ってしまったら、そのあとすぐに「ありがとうございます」とかぶせるようにしていきましょう。すると余計な罪悪感や劣等感を感じずに済むようになれます。

また、あきらめ癖がある人は「どうせ」「無理」とつい言ってしまったあとでも、すぐに「でも、可能性はあるかも」とか「案外できそう」などと逆の言葉をかぶせてみてください。

殺氣を含む言葉（攻撃、否定）を口にする「悪癖」がなくなり、生氣を含む言葉（調和、肯定）を言う「良癖」が身について習慣化されると、無意識のうちに、勝手に開運体質になっていきます。

「○○しなくてはいけない」思考にサヨナラする

日々の行動を「しなくてはいけないこと」「やらなければならないこと」と捉えるか、単なる「する予定のこと」と捉えるかで、運氣の流れは大きく変わります。

さらに自分を取り巻く天・地・人に敬意をもって「させていただくこと」になると、運氣は劇的に発展の方向へ流れ出すのです。

「しなくてはならない」は殺氣を生み、「させていただく」は生氣となってプラスに働くからです。

密教でめざしたいのは、当然、「させていただく」という開運思考です。

ところが、何か行動を選択するとき「そうしなければならない」、またはその逆の「そうしてはならない」という基準で選んでいる人が、非常に多いと感じます。わたしはこうした人たちを、「ねばならない」方々なので「ネバネバ星人」と呼んでいます（笑）。

ネバネバ星人は、残念ですが不運体質な人たちです。

いちばんまずいのが、「幼少期に親や学校から教わったこと」が、今でも「しなければならない」というがんじがらめのマイルールになってしまっているケース。

親に怒られるからこれをしてはいけない、学校の先生にほめられるにはこうでなくてはならないなど——無意識のうちに「恐怖」を感じてはいないでしょうか。

たとえば、親から「出された飲み物や食べ物に真っ先に手を伸ばすのははしたない！　いちばん最後に取りなさい」としつけられた人は、大人になってもそうします。マイルールを守りつづける、という無意識の制限を自分に課しているからです。

「どうぞ最初に好きなものを取って」とすすめられても、人より先に取ろうとすると過去のいやな記憶がよみがえるため、胸がざわついて遠慮してしまいます。

しかし、欲しいものを我慢することは、自分に嘘をつくことです。自分の本音や願望を我慢することは、殺氣を生むことにつながります。

さらに、相手にも嘘をつくので「偽りの謙虚」ということになります。つまり、「謙虚ぶりっこ」としてふるまっているだけです。すると、つくり笑いと同じように、無理して自分を偽っていることは相手にもなんとなく伝わってしまうので「どうも信用できないな……」という印象も与えて、人間関係がギクシャクする展開となってしまうわけです。

我慢した上に信頼されないなんて、踏んだり蹴ったりですよね。

ネバネバ星人かどうかは、次の質問で分かります。日ごろ次のような考え癖や口癖がないか、チェックしてみてください。

- ○○してはならない
- ○○しなくてはならない
- ○○でなくてはならない
- ○○するべき
- ○○しなきゃ

じつは、これらのルールをつくった、もしくは従うことを選択しつづけてきたのは過去のあなた自身なのですから、「今日から守るの、やーめた！」と突然放棄してもなんの問題もありません。あなたは勝手にルールを決め直すことができるのです。誰の承認も許可も必要ありません。

自分の氣持ちや欲望に合わないルールは、今すぐ捨て去ってしまいましょう。

自分を縛るルールは少ないほど理想的。どんなに長く採用してきたルールで

も、現状に合わせてあっさりと変更してしまう柔軟性を身につけるのも、開運体質になる近道です。

自分の「大好き」をコンパスにする

自分の「大好き」「心惹(ひ)かれる」「したい！」という感情を正しく把握して、その欲求に対してできるかぎり素直になると、運や氣の流れは良くなります。

なぜなら「大好き」「心惹かれる」「したい！」という感情は強力な生氣を生み、あなたの人生の「宝」の在りかを教えてくれるコンパスになるからです。

もし、自分の欲求を捉え違えていたら、コンパスは狂ってしまい宝の在りかに導いてくれません。欲求に素直になるのってちょっと恥ずかしい、などという遠慮をしている場合ではありません。人に言えないような内容であっても、大丈夫（笑）。

もし、自分の「大好き」「心惹かれる」「したい！」が、よく分からなくなってしまったという人は、次のように五感を頼りにして自分の「大好き」を探し、思い出してみてください。

視覚：何を見ると氣分が良くなる？
　これからどんなものや状況を目にしていきたい？
聴覚：何を聞くと氣分が良くなる？
　これからどんな言葉や音を耳にしていきたい？
嗅覚：なんの香りを嗅ぐと氣分が良くなる？
　これからどんな香りの中に身を置きたい？
　どんな空氣を味わいたい？
味覚：何を食べたり、飲んだりすると氣分が良くなる？
　これからどんな食べ物や飲み物を口にしたい？
触覚：何に触れて、どんな時間を過ごすと氣分が良くなる？
　これからどんなものに触れてみたい？　体験してみたい？

これらの答えを紙に書くのもおすすめです。

人によって、優先したい五感の順位は異なります。

もし、順位をつけられない場合は、いちばん優先順位が高いものだけでも把握しておきましょう。ちなみに、わたしが最優先するのは味覚です（笑）。

自分の優先順位を知っておくことは、とても大事です。**自分の五感が喜ぶことをちゃんと把握していて、具体的な内容をリストアップしてあると、自分の中心にあるものイコール、自分らしさが分かってくるからです。**

順位やリストの内容は、年齢や経験を重ねるにつれて変わることがあるので、随時更新するようにしましょう。

ついでに、周りの人にもあなたの「大好き」「心惹かれる」「したい！」を知らせておきましょう。関係するものや情報をプレゼントしてもらえるチャンスが増えること間違いなしです。

ただ、幼少期に「これをしちゃダメ！」「あれをしちゃダメ！」という厳しい家庭で育った方は、五感欲求が少しゆがんでいる場合があります。**自分の「大好き」「心惹かれる」「したい！」という感情よりも、親が喜ぶものや他者が評価してくれるものを、自分の優先順位だと思い込んでいるケースがあるからです。**

自分の胸に手を当てて、自分の深い部分へ問い掛けてみてください。

親や他者の目線で、自分に「いい」「悪い」の評価を下さずに、あるがままの自分の欲求を示す感情を受け止めることが「自分を大切に扱う」「本当の自分自身を生きる」ということの初めの一歩になります。

第9の習慣

初対面の人にこそ心をフルオープンにする

あなたは初対面の人に対して、どれくらい心を許して接していますか？

「この人はどういう人なんだろう？」

「信頼できる人かしら」

「氣が合うといいけど……」

そんなふうに警戒心を働かせながら接しているときの心のオープン度は、20%ぐらいでしょうか。

「この人は信頼できる！」

「氣が合うなあ」

そうわかった時点で初めて心を開く、という人が大半だと思いますが――じつは、そうした慎重な人づき合いをしていると「縁の取りこぼし」をして損をしがち。せっかくの良縁を得るチャンスをなくしてしまっているのです。

なぜなら心のオープン度は双方向だから。

あなたが心を開いていなければ、相手がどんな人なのかが伝わってくるメッセージを受け取る幅も、確実に狭くなっています。当然、あなたの良さも同じだけ伝わらなくなるわけです。

人の感情は伝染しますから、警戒心や緊張感を自分がもっていると、当然相手も警戒してガードをつくります。すると表情がぎこちなくなったり、表面的な会話しかしなくなります。「何度も会ってよく知ったらいい人だった」となればよいのですが、そうならない可能性もあるわけです。それは誰にも分かりません。

できるだけ良縁の可能性を高めて、良い人と出会う確率を上げるなら、初対面から心を全開にすること。それが良縁体質になる秘訣です。

「自分は人見知りだから難しい」という人も、「口下手だから……」という人も心配ありません。調子良く接しようとしたり、会話を一生懸命続けようと無理をすると、逆に緊張感を生む殺氣となってしまいます。

体と顔の力を抜いて、「きっとすてきな人だろうな」「きっといい人だろうな」「一緒にいられてありがたいな」と、基本スタンスとして好意のエネルギーを抱きながら接するだけでOKです。これをわたしは「好意モード」と呼んでいます。それだけでも、相手とのあいだにはゆるやかな生氣が流れ始めます。

自分の心を開くとは、人を好意的に見るだけです。何も難しいことはありません。それが難しいと感じる人は、心の中で初対面の人は警戒すべき対象という設定がされています。その「警戒モード」を先ほどお伝えした「好意モード」に設定し直してください。

そうして接していく過程で「この人はやっぱり信頼できそうにないな……」と思ったら、そこで心を閉じ、距離を置いていけばいいのです。

「心を開く」ことは、そのまま「縁と運を開く」ことにつながっていきます。

第10の習慣

「関心」で愛情を表現する

本章の最後は、感情の中でも最高に生氣を生み出す「愛情」について整理していきましょう。人の感情の核心部分です。

ここでは、とくに愛情表現の仕方についてお伝えしたいと思います。

人が愛情を感じる回路は決まっています。それは、無関心とは正反対の「関心」です。

関心とは、相手と「関わろうとする心」のことで、密教的にいえば「身・口・意」の中の「意」、すなわち、相手に思いを向けている、という状態を指します。

関心が人と人をつなげ、いかに関心をもってもらったか、というのが喜びになります。敬意をもって関心を示すことこそ、愛情表現ということもできるでしょう。

これは、恋愛関係でも親子関係でも同じことです。互いに関心があるから会話が生まれ、互いのうれしいことも悲しいことも共有しながら敬い合い、感謝の心が育ちます。だからけんかをしても、相手の立場になって考え直したり、自分の過ちに氣づいて謝ることもできるのです。

夫婦げんかも、子どもが親に安心して反抗するのと同様に、相手に許してもらえると思うからできるもの。

許してもらえないと思う相手とは、うかうかけんかできませんよね。「けんかをするほど仲がいい」というのはある意味ほんとうのこと。関心をもって期待があるから言い争いにもなるんですね。けんかすらできないほど無関心になっていたとしたら――非常に心配な関係ということです。

相手と自分は違う生き物なので、完璧に分かることはありません。

だからこそ、相手に敬意と関心をもって、分かろうとする姿勢がカギとなるわけです。

関心があること、理解しようとする姿勢を示すことで、相手には愛情が伝わり、お互いの関係を深めることができるのです。

エピローグ

風水は環境を味方につける技術だと、本書では繰り返しお伝えしてきました。味方につけるとは、「目的と環境情報がマッチングしている」状態にすること――つまり、なりたい感情に合わせた場に整えるということです。

ところが、風水鑑定でたくさんのお宅に伺う中で、目的と環境情報が合っていないな、と感じることは珍しくありません。

具体的に言うと、

- 家族で仲良く暮らしたいのに、リビングは色がないモノクロのインテリア
- 心穏やかに暮らしたいのに、原色の派手な色柄のカーテンやソファを置いている
- 不眠に悩んでいてぐっすり眠れるようになりたいのに、寝室に作業用品やパ

ソコンがある
・イライラしたくないのに、ものや家具がゴチャゴチャと多くて体をよくぶつける

などなど、例を挙げればキリがありません。

何か悪い物事が起こっているときは、多くの場合、その場に原因があると風水では捉えます。なりたい感情に対する環境の矛盾に、本書をきっかけに氣づいていただき、今すぐにでも片づけの第一歩を踏み出していただきたいのです。


「でもどこから手をつけていいのか分からない……」

と、途方に暮れてしまうという人は、まずは玄関へ行きましょう。

そして、たたきにある靴を全て、一度靴箱へしまってみてください。

どうですか？　これだけでもずいぶんとすっきりした氣分になれますね。

これは、わたしが風水鑑定でお邪魔したときにご相談者さんの前で、よくやる行動の1つです。

「目の前で靴をしまいますから見ていてくださいね。そして、ビフォーアフターを感じてください」

そうお伝えしてから目の前で靴を全部しまってみせると、全員が全員「……おお……何かいいですねえ……！」となります。

このとき心に生まれたすっきり感は、環境から邪魔な情報（たくさんの靴）がなくなって場に生氣が生まれ、あなたの感情を整えたという証しです。

こんな簡単な行動1つで、風水の力は生まれ、環境が味方につくのです。

以前に風水鑑定をさせていただいた不眠に悩むご夫婦も、その日のうちにインテリアショップに行き、わたしがお話しした安眠を促す照明と寝具に全てを入れ替えたら、その夜からぐっすりと眠れるようになりました。睡眠不足のイライラからけんかも絶えなかったのですが、今では心穏やかに語り合える仲を取り戻しています。

それほどに、環境は劇的に、それでいてあっさりと人の感情を変えてしまうのです。

「何をやってもダメなんです……」と言う人に、わたしはいつも「環境を変えてみることはやってみましたか？」と言葉を掛けます。

環境を変えることで、人生が好転する可能性は飛躍的にアップします。

それはけっして難しいことではなく、これまでご紹介してきたように、今すぐ実行できることばかりです。

もう何をやってもダメだ！という状況に陥ったときには、ぜひ環境を変えることを実行してください。

そして、本書の各所に散りばめた密教の考えもまた、形を変えた風水といえるでしょう。密教はあなたの思考の中に、幸せを生むシステムをつくります。

この本を手にとってくださったあなたが、風水で環境を、密教で思考を整えることで、人生を好転させることを心から願っています。

種市勝覺

企画協力――鹿野哲平
編集協力――茅島奈緒深
イラスト――しおたまこ

著者紹介
種市勝覺（たねいち　しょうがく）
密教風水カウンセラー、風水コンサルタント。
1977年東京生まれ。空海密教大行満大阿闍梨であり風水師でもある松永修岳氏に師事。15年間の修行を重ねていくなかで、空海密教阿闍梨となる。風水学と密教思想を軸に、2000件以上の住居・オフィス選びや鑑定、リフォーム監修などを手掛け、家庭や社内のさまざまな問題を解決に導く。密教と風水で内面を調整し、整えるための学びをおこなうワークショップ「風水cafeジンカイト」を主宰、「財・体・心の流れを整える」を軸に、各種セミナー、カウンセリング・コンサルタント活動を精力的におこなっている。
著書に『ここに気づけば、もうお金には困らない』（サンマーク出版）、『自分を変える「身口意」の法則』（フォレスト出版）、『「最強運の人生」を手に入れる！』（扶桑社）などがある。

オフィシャルサイト　https://taneichisyougaku.jp/
公式ブログ　https://ameblo.jp/sky-and-sea-corp/

本書は、2017年10月にアチーブメント出版から発刊された作品を加筆・修正したものである。

ＰＨＰ文庫　感情を整える片づけ

2020年９月15日　第１版第１刷

著　者	種　市　勝　覺
発行者	後　藤　淳　一
発行所	株式会社ＰＨＰ研究所

東京本部　〒135-8137　江東区豊洲5-6-52
ＰＨＰ文庫出版部　☎03-3520-9617(編集)
普及部　☎03-3520-9630(販売)
京都本部　〒601-8411　京都市南区西九条北ノ内町11

PHP INTERFACE　https://www.php.co.jp/

組　版	株式会社PHPエディターズ・グループ
印刷所	株式会社光邦
製本所	東京美術紙工協業組合

ISBN978-4-569-90026-1

PHP文庫

ガラクタを捨てれば、人生はすべてうまくいく！

竹内清文　著

使わないものが、あなたの成長を妨げていた！　ガラクタ整理の世界的権威カレン・キングストンの愛弟子が、人生を激変させる方法を伝授。

PHP文庫

「捨てる」「片づける」で人生はラクになる

斎藤茂太 著

「『捨てられない』のはストレスの証」「買い物は想像力を働かせて」など、片づけ下手なあなたへ贈る、心穏やかに生きるためのヒント。

PHP文庫

神仏に愛されるスピリチュアル作法

桜井識子 著

「ご縁の不思議」「口約束にも言霊は宿る」「霊格を上げる方法」など、スピリチュアルな世界を日常生活に活かすヒントを一挙紹介！

PHP文庫

成功への情熱―PASSION―

稲盛和夫 著

一代で京セラを造り上げ、次々と新事業に挑戦する著者の、人生、ビジネスにおける成功への生き方とは？　ロングセラー待望の文庫化。

PHP文庫

強運を味方につける49の言葉

本田 健 著

『感謝できる人』に運は集まる」「運気は移動距離に比例する」など、強運を引き寄せるための具体的な方法を、語録形式で一挙公開！